大都會文化
METROPOLITAN CULTURE

大都會文化
METROPOLITAN CULTURE

有一種境界叫捨得

貳

前言

「捨得」者，實無所「捨」，亦無所「得」。「捨」與「得」就如同水與火、天與地、陰與陽一般，相生相剋、相輔相成。「捨」與「得」雖是反義，卻是一體兩面。捨得，有捨才有得。在得與失之間，要做大膽地取捨，這是中華民族五千年古老智慧的精髓。

世間，人們往往面臨多種選擇，取捨往往亂人心扉。正所謂「魚和熊掌不可兼得」、「自古忠孝難兩全」，在面臨選擇時要看到事物的大體趨勢和重點，學會捨棄，而非一味索取。

「捨得」是一種人生態度。人不到一定境界，是不會明白「捨得」兩字的真正含義的。捨並不意味放棄，而在於將來更高層次的獲得。這不是一種消極的人生態度，恰好是一種可取的、清醒的人生觀。一個人只有知道自己能做什麼，才能把有限的精力集中到真正的事業上，在「捨得」之中成就自己。

捨得不僅是生活的哲學，也是為人處世的藝術。人生一世，面對無限的誘惑與磨難，往往不得不在「捨得」面前徘徊彷徨。如果貪多求全，終將一無所獲。所以，在生活中我們要學會「捨得」，只有聰明取捨，才能讓生活變得簡單，才能獲得真正重要的東西，就算是忍痛割愛也值得。王昭君捨棄了錦衣玉食的宮廷生活，踏上了黃沙漫天的西域之路，得到了天下的一度太平與後世的無限讚美；李白捨棄了富貴，留住了「安能摧眉折腰事權貴，使我不得開心顏」的傲骨……他們捨棄了功名、地位甚至是生命，得到的卻是更珍貴的人格的昇華。

如果捨棄不了，也許擁有就是沉重的包袱。捨得一些東西，珍惜已選擇的東西，身上輕一點，內心單純一點，我們可以跑得更快一點。明辨「捨得」之變，就能領略「捨得」之奧，使得心境平和通達，把有限的生命融入無限的大智慧中，在有限的時間內做最有效的事情，可以觀古今於須臾，扶四海於一瞬，成就一番偉業！

《有一種境界叫捨得 貳》涵蓋了情感、理財、職場、官場、處事諸多方面的內容，以獨特的視角闡明：從傳統哲學儒道入手，結合生活中的事例，對捨與得進行評論，用通俗的評議剖析人性的弱點，闡述深刻的生活智慧，並總結出做人做事的成功法則，進而幫助你更開心地生活，更快速地成就事業。

目錄

第三章 職場衝浪，在捨得中尋平衡 079

第六章　領悟捨得，知足常樂享人生　197

第一章

情感密碼，捨得是朵解語花

捨得是守護愛情的唯一密碼。

生活中，當人們擁有愛情時，生活是最幸福的！每一份感情都很美，每一段歷程也都令人沉醉；當愛情捨人而去時，人們又將怎樣？捨得否？值得乎？這世上多少癡男怨女，在分道揚鑣後，留給對方的並非祝福，而是不能擁有的遺憾。在愛情的得與失的轉換之中，人們可以有何收穫呢？

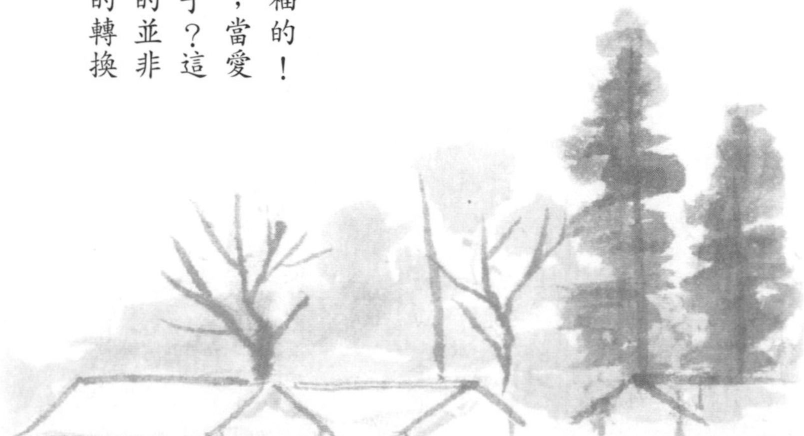

1・用真心換你心

愛情，這不是一顆心去敲打另一顆心，而是兩顆心共同撞擊的火花。
——伊薩可夫斯基

無論是主動的愛情，還是被動的愛情，愛情的難能可貴之處就在於雙方的兩情相悅，但大多數人卻常常被一廂情願所煩惱。其實要得到對方的真心也並非難事，當你喚回他真心的那一天，你會發現：原來只要做到真心去愛他，捨得為他做任何事就行了！愛情也許還在你身邊，也許離你還有咫尺，距離的長短就在於你捨不捨得付出真心。為了他的心，你捨得嗎？

吝於付出真心，怎能收到真心

很久很久以前，有個書生和未婚妻一起約好在某年某月某日結婚。然而到了那一天，他深愛的未婚妻卻要嫁給另外一個人。這對書生來說，簡直就是晴天霹靂。受到這個沉重的打擊後，書生便一病不起。家人看著他整日萎靡不振，便用盡各種辦法幫他，結果都是徒勞無功。眼看他就要奄奄一息的時候，恰好一位僧人路過，聞訊便決定幫他指點一下迷津。僧人看到躺在床上的書生，忍不住嘆了口氣。他走到書生的床前，從懷裡掏出一面破舊的銅鏡子讓書生看。這時銅鏡裡出現了一個畫面，茫茫的一片大海，一名遇害的女子一絲不掛地躺在海灘上。路過一個人，看了一眼，然後搖搖頭，走了……接下來又有一個秀才般模樣的人路過，看到後便將自己的衣服脫下，蓋在了女屍的身上，走了……接下來又來了一人，看到後連忙挖個坑，小心翼翼把屍體掩埋了……看完後書生非常疑惑，而畫面馬上又切換到了另一場景。書生驚訝地坐了起來，因為他看到了自己的未婚妻。洞房裡紅紅的蠟燭，未婚妻正被她丈夫掀起蓋頭……書生不明所以，用微弱的聲音問道：「這是何意啊？」僧人解釋道：「海灘上的那具女屍，就是你未婚妻的前世。而你就是第二個路過的人，那時你只捨得給她一件衣服。那麼，她今生註定只是和你相戀。而她現在的丈夫卻是第三個路過的人，他真心捨得付出更多的無私。所以，他們今生就註定要攜手一生。你吝於付出更多的真心，今生又怎麼能換得她的真心呢？」

愛情路上註定多有磨難，也許你只是暗戀著他，也許你們感情正有危機，也許你認為情況不會再有好轉而有所懈怠、有所退縮。那麼，在愛情的火焰逐漸熄滅之時，你是否想過自己到底捨得為之付出多少真心呢？你是否真的認為要換得她的真心，只是等待就可以了嗎？

其實吝於為對方付出真心的人，並非是因為他們沒有真心，而是在愛情這條路上，要不求回報、無私大方地去付出真心真的很辛苦。然而你是否想過，當你大方地用真心去為她努力而讓她感動時，你將會是多麼興奮呢？當你捨得用真心去為她付出而看到她臉上燦爛的笑容時，你將會是多麼富有成就感呢？說了這麼多，只想讓每一位在愛情圍牆裡的人知道，要想抓住對方的真心，就請捨得付出、勇敢付出。永遠不要計較對方會為你付出多少，更永遠不要吝於付出你的真心！切記：不捨得為之付出真心，永遠也得不到她的真心！

總之，一個吝於付出的人，一定也沒有什麼愛。愛，不是被愛也不是等待，愛是捨得把自己交出去，然後才能得到的花朵。

捨得付出，用真心換你心

曾有一篇感人至深的文章，它的內容大致這樣：小霞，女，三十歲，沒長相、沒身材、沒工作，總是一副呆呆笨笨的樣子，卻永遠努力地、不放棄地做著認為值得做的事情。在文中，她曾說過：「對於愛情，我雖然連個菜鳥都不是，但是，我卻對他抱有著無限的幻想和美麗的夢想，我還是很期待那種轟轟烈烈的愛情。如果我的愛情真的來臨了，我也會認認真真地、毫不吝惜真心地談一場戀愛……」正如她所說的，為了愛她付出了很多很多，然而也正是因為她捨得付出真心才真正贏得了自己的愛情。她愛上了自己的老闆——明浩，他年輕有為、家財不菲、英俊瀟灑，曾經還有一個漂亮且深愛他的初戀女友。於是，就註定了小霞要走一段崎嶇的愛情之路。為了愛他，小霞默默地付出著，中間也曾受過各種各樣的打擊，但她還是無怨無悔，無論是他的冷言相對，還是別人的惡言相向。她始終堅信：只要捨得付出真心，就一定能換得他的真心。為他送上一塊親手烘烤的蛋糕，為他送去自己親手熬的粥，在他生病時悉心照料……最後天從人願，

在經歷多番挫折後，明浩終於被小霞感動了。當朋友們問起小霞是如何打動他的時候，她說：「只要用真心，只要捨得付出！」

真心是愛情的基石，有了真心才能贏得真正的愛情。但有真心固然是好，也要捨得付出才行。當你為愛情付出很多時，即使你想不愛你的戀人，也是欲罷不能。愛是覆水難收，是可以連生命一起潑出去的，這就是為什麼有那麼多的人會為愛殉情的原因之一。當你的捨得與付出得到收穫時，你會發現自己所做的一切都那麼值得，特別是當得到對方肯定時，你一定很願意為她再付出更多，甚至生命。因此，我們常說愛情的魔力很大，其實正是雙方捨得為對方付出而表現出來的潛力。

生活中，有很多人的感情在流離失所中徘徊，愛對方的心在日復一日失望中麻木而起繭。這時就需要一些可以讓自己感動的東西來撩撥內心柔軟的感情，讓自己的感情活躍起來。那就是找出自己的真心，捨得愛、付出愛、收穫愛。相信生活會因此變得可愛，每件事也都會因此而變得生動起來，她的真心也會如期而至。有時捨得付出真心也是一種幸福，因為那至少說明你有愛的能力。你從內心捨得了，你也就更多一份坦然，即使沒有得到回報你也不會後悔，至少你爭取過，付出過，去愛過。因為，只有捨得付出才會知道自己價值的所在。

人的一生不能沒有愛情，一份美好的愛情，就是讓人學會如何去捨得真心，學會如何去付出。

智慧品人生

愛情是苗圃中盛開的花朵，需要你捨得用自己的愛心去呵護它、灌溉它，只有這樣才能看到它嬌豔的真心。愛情是一首美妙的詩，需要你捨得去體驗生活，去豐富它、美化它，只有這樣才能看到它感人的真心。愛情是一幅多彩的畫，需要你捨得自己的精力，去構思它、描繪它，只有這樣才能看到它亮麗的真心。每個人在愛的旅程上，註定要體會一些快樂與磨難。只有捨得付出真心了，才能看到她對你的真心。為愛去學著捨得付出真心吧！

2・婚姻是愛情的「天堂」

哪裡有沒有愛情的婚姻，哪裡就有不結婚的愛情。

——富蘭克林

也許每一種事物的存在都有其合理存在的理由與根源，所以「婚姻是愛情的墳墓」得到一定程度的公認，甚至成為我們茶餘飯後安慰自己的甜點。然而，如果婚姻是墳墓，怎麼還會有那麼多男男女女眉開眼笑地走上紅地毯，接受愛情的饋贈，享受婚姻之旅呢？其實，婚姻可以是愛情的墳墓，但它也可以成為愛情的天堂。問題在於如何捨得用寬容去諒解對方，在婚姻遇困的時候，別計較什麼個人得失，別怨恨什麼不平。換一個話題去談話，別拉著一個話題不放；換一個角度去思想，對別人多幾分理解和寬容。這樣做，你的心情就會永遠沐浴在陽光之中。

捨得寬容，婚姻不再是「墳墓」

小芳有了外遇，提出和丈夫離婚。丈夫剛開始不同意，但是小芳整天吵吵鬧鬧，無奈之下丈夫只好答應她的要求。不過他卻提出了一個要求，在簽字之前見見小芳的男友，現在的男友是小芳的驕傲，所以她就一口答應了。第二天，小芳就領回一個高大英俊的中年男人。小芳心裡一直在打鼓，害怕丈夫見到他之後會忍不住發火甚至報復他。但是丈夫卻是很紳士地和他握手，然後說要和他單獨談談，小芳遵從了丈夫的建議。站在門外，小芳心裡又開始七上八下了，生怕兩個男人在屋裡打起來。不過事實證明她的擔心完全是多餘的，幾分鐘後，兩個男人相安無事地走了出來。

送男朋友回家的時候，小芳迫不及待地問他：「我丈夫都和你說了些什麼啊？是不是說了我很多缺點啊？」話音剛落，男朋友就停下了腳步，有些惋惜地搖搖頭說：「你太不瞭解你丈夫了，就像我不瞭解你一樣！」

小芳一頭霧水，連忙解釋：「誰說我不瞭解他啊，他木訥，沒有情調，跟家庭保姆一樣，一點都不像個男人。」

男朋友語氣有點生硬地說：「你如果真的瞭解他的話，就應該知道他和我說什麼了。」

小芳越來越想知道丈夫說了什麼：「他到底說了什麼啊？」

「他說我們結婚後，叫我凡事都依你，因為你心臟不好，易暴易怒；還說你腸胃不好，但又愛吃辣椒，囑咐我讓我今後勸你少吃一點；讓我晚上給你定好鬧鐘，以免第二天上班遲到。」

聽完這些話，小芳慢慢低下了頭，男友走上前，撫摸著她的頭髮，語重心長地說：「你丈夫是個好男人，他比我心胸開闊。回去吧，他才是真正值得你託付一生的人，相信世上沒有比他更懂得怎麼愛你的人了。」說完，男友轉身毅然離去。

經過這次事件之後，小芳再也沒有提過離婚，因為她深深地明白，只有與他的婚姻才是最好的天堂，因為沒有人比他更捨得寬容。

生活中，我們總能從夫妻雙方聽到對彼此的抱怨，怪對方不關心自己，怪對方不夠體貼不夠溫柔……是啊！曾經愛得那麼真切，愛得那麼義無反顧，對方的缺點在自己看來也是那麼神聖，恨不得時時刻刻陪在彼此的身邊，眼裡除了對方，再也裝不下別人。可是，相愛容易相處難，一旦走進婚姻殿堂，真正生活在一起，各種戀愛時沒有意識的缺點都會不可阻擋地表現出來，然後諸多的矛盾便會接踵而至，有時候因為一點雞毛蒜皮的小事都會爭得面紅耳赤，之前對方的所有優點都會變成一把利刃，深深地刺傷對方。事實正是如此，在這個世上，沒有十全十美的人，也沒有十全十美的婚姻，因為婚姻是兩個人的相互結合，然後共同面對更複雜的生活。沒有絲毫矛盾的婚姻是不存在的，但如果捨得去寬容，則會是另一幅幸福的畫面。明明深愛著對方，又為什麼彼此傷害？芸芸眾生能走到一起又何嘗不是幾輩子修來的緣分呢？如果雙方都捨得去寬容，珍惜自己最愛的人，婚姻又怎能不會成為愛情的天堂呢？

懂得知足，婚姻是愛情的「天堂」

早晨8點左右，晴還蹲在廚房裡擦地時，老公勇已經收拾好準備去單位了。

一看他走到門口，晴憤憤地說：「壞老公，你可真舒服啊，你都拍拍屁股要出門了，你老婆我還在做苦力呢！」看見妻子善意的抱怨，勇連忙走過去笑顏逐開地說：「老婆，你說誰讓我三生有幸，娶了像你這麼好的老婆呢。」晴聽後自然是心裡甜滋滋的，擦起地來更有勁兒了。晴在想，婚姻裡的女人真的很容易滿足，幾句甜言蜜語，一個體貼的擁抱，有個只可意會的傳情眼神，就很幸福、很愜意了。同時她也深知勇也是很容易知足的人，一頓美味的飯菜、一次傾心的交談、一個發自內心的微笑、一句關切的問候……都能讓他滿足。在深夜寫稿的勇不願因起身而打斷思路，他說：「老婆，給我沖杯咖啡吧，不然我睡著了。」當晴端著充滿濃香熱氣騰騰的咖啡來到他面前時，勇被感動了。而每次晴在廚房裡忙碌時，勇都會跑過來幫晴剝棵蔥，冷不防地再塞給晴一個蜜棗，即使剝蔥會弄一地碎屑，吃棗會落在地上點點水滴，晴還是很滿足。十幾年如一日，晴和勇相依相偎一起執手走過的平淡的歲月，晴明白：婚姻中的男女，無論你對愛情與婚姻充滿期待還是心無波瀾，無論你地位顯赫抑或身分低微，你都要知足，知足這份獨一無二的緣分，知足夫妻間的體貼叮嚀，噓寒問暖，知足愛人於細微處的感動與情真……

晴與勇的幸福是讓人羨慕的，因為他們都有一顆捨得為對方付出、懂得體貼和包容、毫不貪婪的心。這樣的婚姻怎麼會不幸福呢？在現實生活中有很多這樣的人，明明知道自己很幸福了，可是還是有失落感，這也許是每個人對待婚姻的期望值不一樣吧。婚後生活是平淡如水的，不可能一直像戀愛時那麼浪漫那麼有激情。人性的不完美造成了婚姻的缺憾，但正是這略有瑕疵的愛情讓婚姻中的彼此取長補短更加親密。所以，知足就是平淡婚姻中的味精，能夠很好地調劑夫妻的情感菜餚，但加的時候要適量，否則太知足了，就會不思進取，會安於現狀，會不懂得珍惜，會不懂得感知真情。

幸福的婚姻是靠夫妻雙方滿足彼此的需要來維繫的。當一方的需要不能在婚姻中得到照顧和滿足時，發展中的婚姻就容易觸礁。結婚前每個人都對自己的婚姻充滿了美好的憧憬，結婚後才發現相差太遠，於是感嘆婚姻如圍城。其實，婚姻並不如我們想像的那麼美好，但它也並不那麼可怕，只要調節好自己的期望值，懂得知足，放下貪婪與欲望，就能坦然迎接婚姻中的風風雨雨。

智慧品人生

「婚姻是天堂」，天堂裡總有陽光。事實上，世上千千萬萬幸福的家庭幾乎每天都在向人們詮釋一個人生的真諦：婚姻是愛情結下的甜美的果實，愛情因婚姻而成熟，因婚姻而昇華到一個更高的境界。的確，當你感覺身體不適或精神疲憊之時，當你因工作勞累或心情鬱悶之時，最先想到的肯定是希望有人會在溫暖安全的家裡給你倒好一杯熱茶，有人會對你噓寒問暖，而你則可以在這裡好好休息放鬆。所以，當你捨得寬容、懂得滿足時，你就會更深切地體會到婚姻的幸福。

3．學會捨得，失戀也美好

棄我去者，昨日之日不可留。——李白

愛情道路上，若他先棄你而去，不必傷感，因為只要你捨得放手，就能讓自己找到更好的幸福。因為，擁有的時候，我們也許正在失去；放棄的時候，我們或許正重新獲得……明白的人捨得放棄，真情的人捨得犧牲，幸福的人捨得超越！面對棄我者，勇敢地放手吧！大方地忘記吧！

捨不得放棄，痛苦驅之不散

愛情中的雙方，如果一個人把失戀看成世界末日的話，是最愚蠢的表現；如果一方因對方的拒絕而一蹶不振的話，是最不理智的行為。相反，當對方棄你而去時，若你捨得放棄，不可收拾的感情就會因此而美麗，因此而灑脫！既然走了就讓他走吧，想再多做什麼也是徒勞的，沒有了他我們還是一樣要生活，相信時

間會沖淡一切。因此，要愛就要先學會捨得，捨得放棄。

毛先生上星期失戀了，他心裡比誰都明白她已經不再愛自己了。於是，他就對好朋友說：「算了吧！隨她去吧！我什麼都想開了。」看起來他真有足夠的勇氣和智慧揮利劍來斬斷情絲，這令他的朋友們佩服不已。可是令人意外的是，過了一星期，朋友發現他又糊塗了起來，毛先生一改上次堅決的口吻：「我真想不明白，一點都想不通。她怎麼就會不愛我了呢？為什麼會對我冷淡呢？想當初，她對我真的是很好、很關心、很親熱的。每次邀請她出去玩，給她買東西，她都統統接受。可是，後來她為什麼冷淡了呢？……一定是有人教唆她，使她上了別人的當，或是有人講我的壞話……」朋友聽得目瞪口呆，不知該說什麼才好，而毛先生又開始說：「我決定了，還是給她寫一封信比較好。去問問到底是怎麼回事！即使她已經好久都不回信了。可是，也許是她根本就沒有收到呢？又或許是別有用心之人把信藏起來了呢？……」很明顯，他正企圖用萬花筒般多彩的謊言來騙自己。第三個星期，他開始詛咒謾罵她的忘恩負義。而第四個星期，他又拿女友寫給他的最後一封信給朋友看，還不停地說：「你看看，她說配不上我，這是什麼意思嗎？她為什麼會這麼客氣呢……」於是，他就這樣反反覆覆在自己編織的痛苦絲網中難以自拔，以往的鬥志好像也丟失了，整個人看起來頹廢滄桑……朋友無奈，搖搖頭：這又是何苦呢？

這可以說是一幕失戀的人的最好的寫照。對於破碎的感情捨不得放棄的人，往往會失去更珍貴的東西。縱然這是一件讓人痛心的事情，也不容易被輕易忘掉，但事實上，忘掉它是唯一理智的解決方法。否則，無盡的痛苦和憤怒的折磨只會驅之不散。所以有這樣一句話：苦苦地挽留心已離開的人是傻子，苦苦回憶以往幸福時光的人是愚人，苦苦地感傷命運的是蠢人。

如果能捨得放棄一段無望的感情，也許緊隨其後的便是自己真正的幸福。捨得放手吧，不要讓愛成為沉重的腳鐐，讓愛情在自由的空間箭步如飛吧！何必折磨自己呢，讓剩下的一點點美好回憶轉化為深深的仇恨，又有什麼意義呢？

昨日感情，要捨得忘記

愛，是一種經歷，經歷得多了，就會更加懂得愛。一段感情結束時，如果真

的愛過的話，傷心痛苦是必然的。分手後，你為他哭，為他傷心，心痛到無法入睡……但假如回不去了，將永遠地失去了，就只能讓自己捨得忘記對方。因為你的那些痛苦他永遠都看不到，因為他已離你而去。只有學會忘記，捨得忘記才會讓自己重新快樂！

小志風華正茂，大學畢業剛剛兩年，工作出色，唯一缺少的就是一份溫馨的愛情。小志很希望自己擁有一個溫柔善良、關心自己的伴侶。天從人願，在一次聚會上，他認識了慧。兩個人談得非常投機，彼此都有一種相見恨晚的感覺。小志趁熱打鐵，全面進攻，只用了兩個星期的功夫就把慧追到手了。兩個人相親相愛，令周圍的人全都羨慕不已。每次過節都相互送禮物。一年後，兩個人很自然地住在了一起，過日子的小倆口更加甜蜜了。那時的生活，對於小志來說真可謂是最美的享受。兩個人也都見過對方的家長，還一致決定下一年買過房之後就結婚。然而，計畫趕不上變化，小志某次出差了兩個月的時間，回來之後慧坦誠地告訴他，自己已經愛上了另外一個人。剛開始小志真的接受不了，想不通兩年的感情怎麼說沒就沒了呢？她又怎麼會這麼輕易地就會愛上別人呢……經過深思熟處後，小志還是灑脫地放手了，並對慧說：「只要你能幸福就好！」他認為愛情可遇不可求，有緣則聚、無緣則散。於是，在沒有了愛情之後，他依舊很快樂，並努力充實自己，培養多種興趣，不斷參加集體活動，在活動中盡量展示自己。因為他始終堅信，待時機成熟，緣分來了，也許是別人悄悄地靠近你，也許是你輕輕地靠近別人。只要捨得忘記過去，下一站幸福就會在不遠處。事實也正是如此，經得起一次情感歷練的人會是快樂的，捨得忘記曾經幸福的人是幸運的，也許只有這樣才能對這世間之愛大徹大悟。

明明知道，你們的愛情已經是一去不復返了，卻還要讓自己的情感拖泥帶水。依舊傻傻地一個人坐在窗前回憶快樂的日子，一個人聽著音樂想起曾經的美好，一個人坐著公車重溫以前的甜蜜，一個人吃著霜淇淋讓昨日的畫面一一浮現……就這樣，自己讓無奈、傷感和痛苦而做繭自縛，究其原因只因不捨得忘記。不捨得忘記驚天地泣鬼神的誓言，不捨得忘記耳鬢廝磨的纏綿溫存，不捨得忘記夢牽魂繞的音容笑貌。但是，愛情只是生活的一部分，沒了愛情還有許多重要的事值得我們去做。愛情是有生命的，當這一段感情經歷了生老病死，該結束時就讓它結束吧。

智慧品人生

愛不能成為牽絆，所以要捨得放手，從容地讓對方走出彼此的世界。當她不再愛你的時候，請不要失去自己的自信。因為愛一個人，並非因為對方的美麗，而只是一種感覺。她讓你有這樣的感覺，於是你愛她。同樣，她不愛你，棄你而去。那麼，你就要捨得放棄、捨得忘記，不再愛他。然後看看那麼多愛自己的人，淡淡地微笑一下，也是會感覺到異樣甜美的。

4・真愛不以捨與得為準

只要男女真心相愛，即使終了不成眷屬，也還是甜蜜的。——丁尼生

一位詩人旅遊時看到一束很美麗的鮮花，於是把它帶了回去。然而花的生長並不像他想的那樣，無論他怎樣模擬鮮花以前的生長環境，那束鮮花都不再散發出當時的那種光芒。慢慢地，那束鮮花一點點地凋零了，詩人只好依依不捨地將它送回了原來生長的地方。在以後的日子裡，詩人只要一有時間就會去那個地方。他知道，鮮花只有在那個地方，才會散發出它獨有的芬芳，無論花費多大的心思去營造出相同的環境，也始終只有那個唯一的地方，鮮花才能嗅到它原本喜歡的味道。詩人本可以獨自擁有這束鮮花，哪怕是枯萎的，然而他卻明白，這個擁有並不會給他帶來幸福。現在鮮花不再為他所有，他卻心滿意足。原來，放棄，並不意謂著絕對的失去；擁有，並不代表永恆的幸福。

真愛並非得到就幸福

幸福的源泉是真愛，只要有一方沒有真愛，幸福就會失去原有的意義。

真愛並不是得到了就會幸福，有此感受的人在生活中比比皆是。四年的大學生活對於王亞並不是充滿激情與刻骨銘心的，因為他苦苦暗戀了李芳四年，而李芳卻一直把他當做是避難所，和男朋友一生氣就跑來向他訴說委屈。王亞從來都是認真傾聽、呵護、安慰，但從來都沒有說出他對她的感情，於是，在痛苦和無奈中度過了四年。畢業後，王亞和李芳戲劇般地應聘上了同一家公司，作為好朋友和同事，王亞更是無微不至地關心她。看到她累了就送去一杯咖啡，知道她貪睡而不吃早餐就常常為她準備好麵包牛奶，感覺到她因工作而有壓力就給她講笑話解壓……終於有一天，李芳跑來哭著對他說：「我們分手了，他不愛我了。」王亞真心地把她擁在懷裡說：「不要難過，有我在。我不會讓你受委屈的。」也許是因為極需安慰，也許是因為這麼多年的關心而感動，李芳接受了王亞。往後的日子裡，王亞使出渾身解數讓李芳快樂，用盡所有力量讓她幸福。然而，李芳心裡更多的卻是矛盾和自責，因為她弄不清自己對王亞到底有沒有感情，所以只能裝作很高興，一到夜晚就獨自哭泣。王亞敏感的心其實早有察覺，但他以為是分手的傷還沒好，只要自己肯努力，就一定能夠得到她的真愛。情人節是王亞期盼已久的一天，那天他早早就訂了一大束玫瑰，還在鞋店買了雙李芳喜歡的鞋。李芳收到鮮花和禮物時，忍不住淚如雨下，這讓王亞有些不知所措。李芳看著王亞說：「對不起，我知道你對我是真心的，但是和你在一起後我並不幸福，整日整夜地在心裡內疚，因為當初我只是因為感動和需要安慰才接受你的，我對你真的沒有愛。」王亞聽後則像是早有預料，顯得非常平靜。這段時間他也深深明白：雖然得到了，但並不是真愛。即使對自己的真愛不可懷疑，結果還是讓兩個人都痛苦！而真愛並不需要驚天動地，也不需要鮮花浪漫，只要沒有傷害，沒有負擔就好。

擁有真愛是幸福的，幸福是一種感覺，一種甜甜的味道，讓人心情舒暢，陶醉其中。然而，握在手裡的愛，並不一定就是真正擁有的，也並不一定就是幸福的；你所擁有的，也不一定就是你真正銘刻在心的。所以，當你覺得真愛來臨

時，首先要捫心自問：「這到底是幸福的開始還是痛苦的開始呢？」

懂得真愛，就要捨得

一位老人回憶年輕時的一次劫難：男孩在女孩即將滑落山崖之際抓住了她的腳，在孤立無援可能同時墜落山崖的情況下，男孩沒有聽從女孩要他放手的哀求，始終堅持緊緊握住，終於等來了救援，兩人也獲得了一生的幸福。多年以後老人說了一句話：「那時，我手裡唯一握住的是愛情，如果鬆了手，我的生命因為愛情的消失也就沒有什麼意義了。」這位老人，正是敢於捨棄生命，最終贏得了一生的愛情伴侶，獲得了珍貴的幸福。「真愛是捨得」，捨得自己的一部分東西，從而讓別人得到更多的滿足，於己是放棄一些得到另一些，如果兩人都很滿足，那這就是幸福。

快做新娘子的娟，一臉的幸福讓周圍的朋友羨慕不已。在和未來的老公逛街時，她盡情地選購著，好像是在把握這所剩無幾的購物時光一樣。逛到一家禮服專賣店的時候，有一件磚紅色的晚禮服吸引了她的眼光，其設計很獨特，質料上等，穿出來氣質突顯，讓娟愛不釋手。但是看著那價格不菲的標籤時，她猶豫了，雖然很喜歡但還是不捨得買。深愛娟的準老公默默看在心裡，二話不說就把禮服給買了下來。娟如獲珍寶似的抱著禮服，回家的路上還一直不停說老公的好話。回到家後，爸爸媽媽卻說不好看，與她的膚色很不相配，而且還貴得要命，物無所值。於是，娟就把矛頭指向了老公，說他沒有一點眼光。但老公滿臉笑容地說：「其實，從一開始我就看出這禮服不配你，但是看到你流連忘返、愛不釋手的樣子，我怎麼能忍心不買呢？如果我不買，你肯定會怨我不捨得為你花錢，不是真的愛你。一旦你心裡不高興，我再解釋也都是徒勞，因為這些而影響到我們的感情就得不償失了。你的幸福和快樂遠遠比錢重要得多，因為真的愛你，所以我寧願花些冤枉錢也不願意你心情不愉快。」娟聽了，真的很感動，於是第二天她就把禮服退了。娟的丈夫能有這番感悟實在是難能可貴，這其中「捨得」兩字非常重要，想要真愛就必須捨得付出！他付出的不僅僅是金錢，更讓人在乎的是他那一顆愛娟的心。他的捨得讓自己得到了今生最大的幸福，這是一種無悔的超然，是一種為愛守護的最真情懷。

想在愛情裡得到幸福，就要捨得傷心、捨得金錢、捨得精力……聰明的人在真愛面前，永遠不會小氣吝嗇，因為幸福總是在捨得之後。

懂得真愛的人，捨得不拿現在的愛人和昔日的相比；懂得真愛的人，捨得用心感受那一份真實的愛；懂得真愛的人，捨得把那份曾經忘卻的愛收藏在接觸不到的角落裡；懂得真愛的人，捨得用心經營現在的愛情；懂得真愛的人，總會發現在捨得中也不乏浪漫。

智慧品人生

失去是一種痛苦，也是一種幸福。失去與得到，本來就是生活中最平常不過的東西，又何必斤斤計較！人人都渴望完美的愛情，不想有一絲的瑕疵，但卻忘了要想得到別人的真愛，首先要付出自己的愛，正所謂「付出才有回報」，有捨才有得。不過，並非只要捨了就必能得到，如若一味追求「捨」後的「得」，就會走進誤區，痛苦萬分。這時候，你要放棄有「捨」必求「得」的功利心，堅信捨而不得是暫時的，只要你願意「捨」，而你終究會有所「得」。

5・有一種愛，叫做放手

> 愛情不是強扭的，幸福不是天賜的。
> ——諺語

有的東西你再喜歡也不會屬於你，有的東西你再留戀也註定要放棄。人的一生也許會經歷許多種愛，但千萬別讓愛成為一種傷害。生活中到處都存在著緣分，緣聚緣散好像都是命中註定的事情，有些緣分一開始就註定要失去，有些緣分永遠都不會有好結果。

得不到時，放手會更輕鬆

很多人在迫不得已放手後，總是落落寡合，會莫名地為了一首歌、一部戲，或是一句話而淚流滿面，總覺得天是黑的，雲是灰的，甚至失去了生活的激情，是一種無奈的絕望和痛徹心扉。其實，「放手」並不像很多人想像的那樣痛苦，相反，你很可能在退一步之後感受到前所未有的輕鬆。你只是失去了一個不喜歡

你的人，你只是回到了認識她以前的日子，只有放手，你才會有機會在將來收穫一份真正的愛情。你可以回頭想想：當擁有他時，你是否曾感到自我空間被嚴重束縛，壓得喘不過來氣，不能做自己想做的和應該做的事情？是不是也曾感到很累，覺得為愛改變得太多，甚至喪失了原先的自我呢？終於，有這麼一個機會讓你回到以前，那就好好休息一下吧，重新體驗一下單身的自由生活，又何嘗不是一種收穫？

陽和雨是在工作時認識的，雨很文靜，這正是陽喜歡的。她平時很少說話，每次都是陽有事沒事去找她說話，時間久了自然成了好朋友。陽見不到她就會感覺心裡空空的，見到她就會特別高興，所以每天都盼著上班，工作自然有勁。可好景不長，雨因病辭掉了工作，之後他們見面的機會少了很多。陽知道這對雨來說沒什麼，但對自己來說就是煎熬。沒有雨的日子，陽感覺做什麼都沒有意義，這才意識到自己真的愛上了她。但是陽不敢向她表白，因為她是自己的初戀，害怕說出來後會被拒絕。最後，想要賭一把的陽鼓起了勇氣向她表白了，雨好像很驚訝，說讓她考慮考慮，當時陽以為是有希望的。誰知兩天後，雨告訴陽說我們不合適。但是陽並沒有死心，第二天又去找雨，希望能有奇蹟出現。陽又問了雨：「難道真的一點機會都不能給我嗎？」可她的回答依然是那麼堅決。離開雨後，陽忽然感覺輕鬆了許多，本以為自己會發洩一通，卻發洩不出來……他不知道自己為什麼會這麼平靜。難道真的沒愛過她嗎？當初為了她甚至可以拋棄一切，可在被她拒絕以後陽並沒有自己想像得那麼難過……最後，陽還是明白了人們常說的，愛她，只要她幸福就可以了。得不到時放手更輕鬆。

人們常說：在對的時候遇見對的人，是一種幸福；在對的時候遇見錯的人，是一種遺憾；在錯的時候遇見對的人，是一種傷心，在錯的時候遇見錯的人，是一種嘆息。所以，給不了就轉身，得不到就放手吧。

放手後會更幸福

小時候，男孩和鄰居家的小朋友一起玩，後來小朋友要搶小男孩的玩具，小男孩緊緊抓住不放，鄰居家的小朋友就狠狠地打了小男孩一拳。疼痛難忍的小男孩不得不放手，然後小朋友說了一句「看，要你放手還不簡單」。也就是因為這

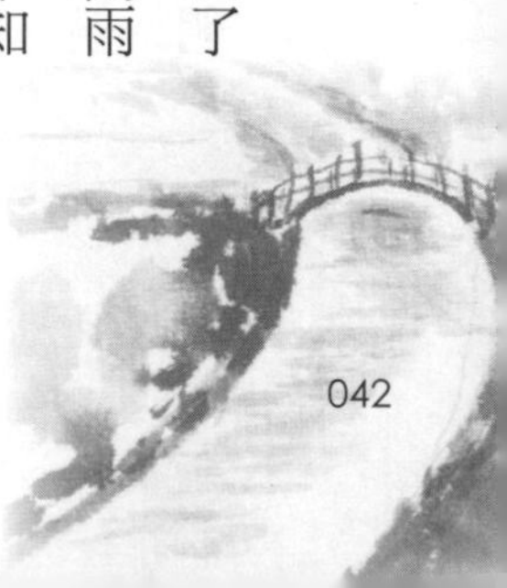

句話，從此，小男孩在心裡下定決心以後不管遇到什麼情況一定不會輕易放手。長大後男孩和一個女孩相戀了，他們在一起生活得很開心。可有一天女孩提出了分手，她要離開他們的小屋，男孩抓著女孩的手不讓她離開，掙扎中女孩狠狠地咬了他一下，男孩痛了就放手了。在拉扯中男孩無意從女孩衣服上拉下了一樣東西，於是在以後的日子裡，男孩子抓東西的這隻手就從來沒有鬆開過，直到另一位女孩的出現。這個女孩知道男孩的過去後很同情他，於是她接近男孩並開導他。後來女孩不可救藥地愛上了這個男孩，而男孩也明白，只是他放不下以前的感情。無奈之下她把男孩約到了大海邊，拿出一條項鍊，男孩知道那是女孩母親去世前留給女孩的，對她來說是很重要的。男孩不明白女孩接下來要幹什麼，只見女孩把項鍊抓在手裡看著大海喊著男孩的名字：「我想和你永遠在一起，我願意用我最重要的東西來換。」說完不捨地看了看手中的項鍊最後一眼，毫不猶豫地把項鍊扔向了大海。男孩說：「這樣值得嗎？」女孩只說了句：「放手其實很簡單。」男孩怔了怔沒有說話，好久，男孩哭了，哭得好傷心。他舉起那隻一直緊握的手，慢慢地打開了手心，裡面是一枚變了形的胸針，這是男孩送給他女朋友的第一個禮物，也是他女朋友最喜歡的東西。男孩就這麼一直看著手中的那枚胸針，好久，男孩抬頭挺胸地站了起來，對著大海說到：「我會忘記你的，我會過得很好的。」說完用盡全身力氣把手中的胸針扔向大海。不久男孩和女孩走進婚姻的殿堂，接受了所有人的祝福，幸福地生活在一起。放手其實真的很簡單。

人們總是容易沉溺於往事的追憶中而無法自拔，皆是源於對過去喪失的事物的迷戀。但是愛走了，就要捨得放手，這也是對自己的寬容。煙火不可能永遠掛在天際，只要曾經燦爛過，又何必執著於沒有煙火的日子？

愛原是生命裡奏出的一曲美妙動聽的音樂，當音樂奏響時，你可以聆聽它、感受它、體驗它、珍惜它並啟動它。但不要一味的陷入對逝去的往事的遐想中，記憶會在無形中誇大了過往事物的美好，於是所失去的便愈加完美了。但是細細體味寂寞後的瀟灑，想想除了他以外的快樂，想想再也不用為了猜測他的心思而絞盡腦汁，會不會輕舒一口氣，感覺輕鬆一點呢？倘若是真的瞭解愛情的含義，就會明白一直所抓著不放的事物其實也不過如此罷了，眼前所擁有的才更珍貴……

智慧品人生

愛情是漫漫人生路上一道永遠美麗的風景，我們總是希望兩人的愛沒有界限，感情能永遠完美。可是，往往在兩人情到深處時，愛情卻不知哪兒出了毛病。如果你的愛情有了暗礁，如果你們完全沒有了感情，在無法挽回的情況下，那麼，放手也是幸福的。學會放棄，善待自己，為了讓自己以後的路走得更好，同時也給雙方重新開始的機會！相遇是一種緣，相識、相戀更是一種緣，緣起而聚，緣盡而散，放手才是幸福的起點！

第二章

智慧理財，捨得之間成大家

取捨之間顯出理財大智慧。

聰明的人重視家庭，他們多是大方地把財富的重要性擺在第三位，在面對理財的時候總是表現出超常的豁達，不但生活滋潤，財富也越來越多。相反，若是只知把財富死死握在手裡、不肯鬆開，時間久了，人的思想就成了畸形；若是只知花用，不知儲蓄，也是畸形。錢，是流通的，只有流轉起來，才能實現它的價值。

1・不做金錢的奴隸

如果金錢成了你的崇拜物，那麼它就會像魔鬼一樣折磨你。

——英國小說家菲爾丁

金錢對於每個人來說都有著不可抵擋的魅力，它是物質財富的「身分證」。人生活在世上，必然離不開金錢。錢對推動人類進步與發展起著不可替代的作用，在人類文明史上有著重要的地位，它是滿足人們物質和文化生活所不可缺少的元素。「一分錢難倒英雄漢」，古典故事中秦瓊賣馬、楊志賣刀等等都是因缺錢而使他們捨棄心愛之物。經過了千百年的發展，到了現在的商品經濟時代，錢變得更加寶貴了。於是，社會上就有了「有啥別有病，沒啥別沒錢」的至理名言，由此看來，一切行為都在向「錢」發展。

可悲的是，人類創造了金錢，到最後有些人反而容易被金錢所奴役。卡內基曾說過：人類百分之七十的煩惱都跟金錢有關，而人們在處理與金錢的關係時，卻往往意外地盲目。所以，我們要讓金錢成為我們忠心耿耿的僕人，而不是讓它成為我們專橫跋扈的主人。不幸的是，現實中有很多人都讓錢主宰了他們的生活。那些處心積慮地想方設法讓自己獲得更佳經濟地位的人，在追求金錢的同時也讓自己被別人控制、羞辱並自甘墮落，甚至更多人為了金錢而賠上了自己的一生幸福和身體健康。這樣的人無疑是金錢的奴隸，他們忘記了或者從來沒有明白過金錢的地位：錢是工具，人是主人，金錢只能被用來改善我們的生存狀態，我們應該是金錢的主人。

豁達處世，拒絕貪婪

一個歐洲觀光團到了一個叫亞米尼亞的部落參觀。在這個部落裡有一個老者專門做草編藝術品，而且非常精緻。這些藝術品吸引了一位法國商人，他想，要是將這些草編藝術品運到法國，巴黎的女人肯定喜歡！想到這裡，商人問這位老者：「這些草編一件多少錢？」

「10比索。」老人回答。

「天哪，這個價錢太便宜了。」商人欣喜若狂，在心裡打起了小算盤，他想如果他要的很多的話，價錢就可以再低一點，那麼就可以賺到更多的錢了。於是商人問：「假如我買十萬個一模一樣的草帽和十萬個一模一樣的草籃，那麼多少錢一件呢？」

然而老人的回答卻讓他目瞪口呆，「如果是這樣的話，就得一件20比索！」

商人幾乎不能相信自己的耳朵，他大喊著問：「什麼，這是為什麼？」

老人生氣地說：「為什麼？做十萬件一模一樣的草帽和十萬件一模一樣的草籃，我就做不了其他任何事情，它會讓我乏味死的！」

老人出乎意料的回答值得我們每個人深思。如果換個人站在老人的位置，相信很多人一定會為自己接到這樣大的訂單而滿心歡喜，即使這會讓自己忙得天昏地暗也在所不辭。

當一個人面臨金錢考驗的時候，他的個性會明顯地反映出來——是貪婪還是豁達，錢是一種很好的衡量工具。在燈紅酒綠的今天，似乎人人都以擁有金錢、名利、地位而感到驕傲，無不視其為「上帝賜予臣民最神聖的資產」。有些人在財富面前失去了正確的心態，有的利用手中的權力攫取財富；有的不顧一切搶劫財富；有的坑矇拐騙，發不義之財。為數不多的不把財富放在心上的人，也被金錢魔鬼般的光彩剝奪了純真的情感，變得不相信感情了。太多的人被金錢所奴役，唯令是從，實在是人類的悲哀。

當然，金錢並不是可有可無的。在經濟社會裡，財富對每一個人都會產生誘惑力，正是這種誘惑才使得人們去努力奮鬥，去創造財富。對財富、金錢的不懈追求並沒有什麼過錯，只是一個真正懂得生活的人，他會明白，生命裡不是只有賺錢這一件事，還有很多更重要的事情；如果讓賺錢本身將生活填得滿滿的，容不下其他，那麼即使有再多的錢，好日子也不會來。生活中最大的樂趣就是要享受其存在的價值，一意孤行地追求和獵取金錢名利，只會讓自己沉淪在單調的世界中。真正具備生活智慧的人不是苦行僧，他們也會追逐財富和享受，只是他們不會做金錢的奴隸。

泰戈爾說，鳥翼上繫上了黃金，這鳥便不能在天空飛翔了。只有善於掙脫金錢這個沉重的枷鎖，才能獲得生活的快樂。

做金錢的主人

那麼，怎樣做才能真正成為金錢的主人呢？佛經裡把人類分成三種：第一種是盲人。這種人不知如何使自己擁有的財富增長，不知如何獲得新的財富，他們也無法區分道德上的好壞。第二種是獨眼人，他只有一隻金錢眼，而無道德之慧眼。這種人只知道如何使自己擁有的財富增長和創造新財富，但不知道如何培養好的道德品質。第三種是雙眼者，他既有金錢眼，又有道德之慧眼。他既能正確地對待金錢，又有良好的道德品質。

此外，要想掌握金錢還必須學會管理金錢。這種才能並非與生俱來的，需要我們後天學習和積累。金融學家博迪和莫頓認為，學習金融理財至少有以下五個理由：一、管理個人資源；二、處理商務世界的問題；三、尋求令人感興趣和回報豐厚的職業；四、以普通公民的身分做出有根據的公共選擇；五、擴展你的思路。如果你對理財一無所知，金錢遲早會和你分道揚鑣。

智慧品人生

英國哲學家培根說：金錢是很好的僕人，但在某些場合也會變成惡主人。有一個關於金錢的解釋很有哲理：錢的一半是金，一半是兩把高懸的利刃。這是我們的祖先在造字賦義時，就將它的真諦既明顯又含蓄地告訴了世人：用得好，它是寶貴的「金」；用得不好，兩把橫刃的「戈」就會隨時向你砍來。這體現出人的地位永遠在金錢之上。為錢而墮落的，就不是一個正直的人了。因此，金錢的命運，完全取決於支配它的人的行為。做金錢的主人還是做金錢的奴隸？我們每個人都必須認真地思考。

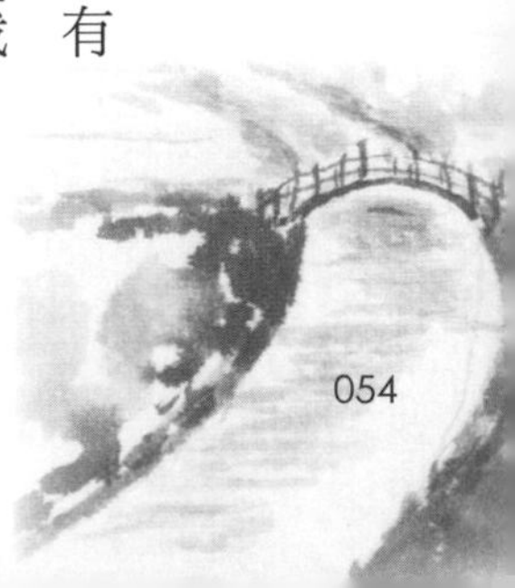

2・鐵公雞千萬不可一毛不拔

金錢是生著羽翼的東西，有時它會自行飛去，有時必須將它放出去，才能帶更多回來。

——培根

弗・培根說：金錢好比肥料，如不散入田中，本身並無用處。只有善於和別人分享，財富才能實現最大的價值。

有錢不用等於沒錢

有位信徒十分苦惱，於是就去找默仙大師尋求開解。

他對默仙大師說：「我的妻子貪婪而且吝嗇，對於做好事情行善，連一點兒錢財也不捨得，您能慈悲到我家裡去，給我太太以開導，讓她行些善事嗎？」

默仙大師聽完後，答應了年輕人的請求。

當天，默仙大師就到了那個信徒家裡。信徒妻子聽說後，馬上出來迎接，但是卻連一杯熱茶都不捨得讓大師喝。

於是，默仙大師把手握成拳，微笑著對年輕人的妻子說：「夫人你看，如果我的手天天都是這樣，你覺得怎麼樣？」信徒的夫人說：「如果手天天這個樣子，這是有毛病，畸形的啊！」

默仙大師聽了就把手伸開了，展成了一個手掌，接著問：「如果我的手天天這樣呢？」

「這同樣也是畸形啊！」信徒的妻子說。

大師聽了馬上開導她說：「不錯，這兩種形態都是畸形。就像錢財一樣，如果只知道貪取，不知道佈施，是畸形。錢只知道花用，不知道儲蓄，也是畸形。錢要流通，要能進能出，要量入為出啊！」

握著拳頭暗示過於吝嗇，張開手掌則暗示過於慷慨。這位夫人在默仙大師的巧妙比喻之下，對做人處世和用財之道了然於心了！

古今中外，關於守財奴、吝嗇鬼的形象舉不勝舉。法國作家拉封丹就寫過以守財奴為嘲諷對象的「攢錢人與猴子」的故事。有一個愛財如命的人，滿腦子只

有金幣和銀元，他自己儲存了巨額的財產。為了保護他的財產安全，他就遷居到了一個小島上獨自居住。然而，即使這樣他還是不放心，於是讓海神充當防盜保鏢，他自己則每天做堆錢遊戲，清點、計算、把玩。但他的賬目總是有缺口，原來他養的大馬猴喜歡向窗外扔錢，猴子喜歡惡作劇，把這些錢當水漂扔到海裡。作者嘲諷地說：「上帝有意保護大富翁，把財寶保存在大海中，誰讓他有錢不會用。」

是的，再珍貴的東西，不使用也就沒有任何價值了。金錢也是如此，不流通的金錢如同一堆廢鐵，只能等著發霉生鏽。人們追求錢財的最終目的還是為了幸福地生活，如果將自己置於吝嗇的境地，不捨得花錢去享受生活，那麼有錢和沒錢又有什麼區別呢？俗話說：只有會花錢的人才會賺錢，只有捨得付出才有回報。金錢是流動的，如果你堅持認為錢財只能聚集不能消耗，你就像是在和春去秋來這些大自然規律唱反調一樣。死守著財富有什麼用呢？一旦死神來臨，守了一輩子的財產不能帶走一分，錢財同生命比起來一文不值，家財萬貫也買不來一秒的生命。

慷慨為成功添磚加瓦

蒙牛集團的董事長牛根生有一句名言：「從無到有是很快樂的，但最大的快樂是從有到無。死在巨富的行列裡是一件可恥的事，人生最快樂的時候是你散錢的時候。」

牛根生的「散財」，在企業界是出了名的。當初牛根生離開伊利後，能在很短的時間內籌集到成立蒙牛的資金，能迅速吸引到如此多的人才，不是靠一時的幸運，而是來自他的個人魅力。

牛根生之所以有這樣的號召力，這與牛根生的「散財」有著直接的聯繫：在伊利工作期間，因為業績突出，年底公司分配給他個人一筆獎金，他竟然將其全部分給了下屬。還有一年，公司給他撥款一百多萬元，讓他買高級轎車。結果，他買了五輛麵包車，因為他下屬的幾個部門都需要交通工具。這種慷慨，成為他創業得以成功的關鍵因素。

在牛根生決定自己創業的時候，缺少資金的支援，他的很多老同事、朋友聽說後，主動把錢湊了起來，資金問題輕而易舉地就解決了。蒙牛企業成立也只有六、七年的時間，但是在牛根生「小勝憑智，大勝靠德」、「財聚人散，財散人聚」的經營哲學下，三年內銷售額增長了五十倍，在全國乳製品企業中的排名由第一千一百一十六位上升至第四位，成為行業的龍頭。

二〇〇四年六月，蒙牛集團在香港主板成功掛牌上市，共發行三點五億股。當時香港主板市場市道低迷，蒙牛卻跑贏大市，啟動了一度低迷的香港股市。按照《富比士》的排名，當時牛根生身價一點三五億美元，居於中國富豪排行榜一百零七位。讓人大跌眼鏡的是，就在外界對牛根生的「財富」議論紛紛的時候，二〇〇五年一月十二日，「散財大師」牛根生又做出了一個更加驚人的決定：捐出個人擁有的全部蒙牛股份十億人民幣，成立老牛基金會，支持蒙牛百年發展，而且決定在自己去世之後，股份全部捐給「老牛基金會」，家人只可領取不低於北京、上海、廣州三地平均工資的月生活費。

牛根生提到自己的這些「散財」行動時表示，自己堅守「財散人聚，財聚人散」的哲學，「捨得，捨得，捨了就有得。如果你有一個億放在家裡，遲早會被人偷，但如果放在朋友家裡，一人一塊錢，絕對丟不了」。「沒有過去的散財，也不可能在那麼短的時間裡，聚集到三、四百位有十五年以上工作經驗的乳業專門人才，也不可能取得了現在的成績」。牛根生據此來印證自己散財的善報。

待人慷慨就等於待自己慷慨，成功的商人大多都很大度。據說，李嘉誠給下屬定了個「規矩」，與客戶談生意只許賺百分之十的利潤，而讓對方賺百分之九十。他說，讓利給客戶，人家才願意和你打交道，你談成十個生意就賺了百分之百，還是賺了大錢。這就是李嘉誠成功的秘訣。

兩個商界的傳奇人物，以他們的經歷告訴了人們這個道理：吝嗇是成功的大敵。對待金錢，不能做一毛不拔的鐵公雞，經濟學中有個名詞叫「投入產出」，做人亦如此。不付出怎麼能得到回報呢？要知道，吝嗇鬼、守財奴是永遠發不了財的，因為他們每天都沉浸在那些蠅頭小利的算計中，結果反而會因小失大。中國歷史上的范蠡，一生三次遷徙，最後到陶。每到一地他都憑智慧賺錢，曾三擲千金，他賺錢的「秘訣」是散財，他賺到的錢財皆用來資助親友鄉鄰，可謂是「千金散盡還復來」。

當然，慷慨不等同於「大花筒」，不是去亂花錢。當我們生活無憂時，我們應該慷慨地去救助一些需要幫助的人。你會發現你付出了金錢，但卻換來了一些金錢買不到的東西，得到了心靈上的滿足。生活中，與人相處大氣一點，捨棄一點私利，處處想著他人，這是一種美德，能讓你結下良好的人緣，為你今後的發展營造了「人氣」環境。

智慧品人生

正如卡內基所說：一般人往往把節儉和吝嗇看做是一對孿生兒，這真是一個天大的錯誤。其實，「節儉」的意思是：當用則用，當省則省。換句話說，總是省用得當；而「吝嗇」的意義卻是當用不用，不該省也省。節儉固然是美德，過分節儉就變成吝嗇。凡事都要適度，如果節儉失去了本色那就成了變味的鐵公雞，成了大家恥笑的物件，同樣是可悲的。

更為重要的是，如果你是個守財奴，你是不會快樂的，因為貪財的人不能忍受錢財的損失，但是金錢的流通是其必然的發展趨勢。而那些慷慨的人，即使當他們貧窮時，內心也是富有的。因為他們看到錢財散去給社會帶來有益的一面，他們的慷慨會點燃與他人分享的火花，錢財的散去，是為了要送一份使大家都能從中受益的禮物。只有這樣的人，才能正確處理錢財與人生的關係，才能生活得更幸福。

3．看淡財富，幸福反而就在身邊

> 幸福並不在金幣揮霍的房屋底下。
>
> ——巴爾扎克

「擁有金錢，並不等於擁有幸福；而要想擁有幸福，卻必須擁有金錢」。「金錢並不能買來一切，比如再多的金錢也未必能買來知識、健康、快樂、愛情、幸福」。無論正反對錯，諸如此類的格言無不是在表明同一個問題：金錢與幸福之間存在著密切關係。

財富與幸福是兩個完全不同的概念。然而，在經濟飛速發展的當代社會，有相當一部分人給二者畫上了等號。金錢究竟在幸福參數中占有什麼樣的位置？是不是有金錢就會有幸福呢？這一直是人們爭論不休的話題。

在財富與幸福關係的資料分析中發現：「衣食足」的人群中，財富的多寡，與主觀幸福體驗沒有多大關係。或者說，在達到舒適溫飽之後，財富的增加所帶來的幸福感會越來越弱。

金錢≠幸福

天空晴朗，漁夫躺在溫暖的沙灘上盡情地享受著日光浴。一個商人走了過來問漁夫：「這麼好的天你為什麼不出海打漁啊！」

漁夫說：「我幹嘛要出海打漁啊？」

商人說：「今天天氣這麼好，是個出海打漁的好天氣啊。你如果下海捕魚，就可以捕到很多魚，你可以把它們拿到市場上去賣，你可以換到很多錢，一段日子之後，你就有錢可以去買一艘大船了，有了大漁船之後，你就可以去雇用工人，你就可以撈到更多的魚，你就會有更多的財富，然後，你就可以買更多的船，雇用更多的工人……最終，你會變成一個大富翁。到那時，你就可以什麼都不用做，可以像我一樣四處去旅遊了，來這海邊盡情地躺在這裡悠閒地曬太陽了……」

商人高興地說著，但是漁夫打斷了他的話，「我現在就很悠閒地躺在這裡曬太陽了，為什麼還要再等若干年呢？」

也許人人都想過這樣一個問題：掙錢是為了什麼？這似乎是一個再簡單不過的問題了，所有人肯定會毫不猶豫地脫口答出：「為了改善自己的生存條件；為了生活得更好、更幸福。」俗話說，有錢能使鬼推磨，但是有錢真的就能幸福嗎？

巴爾扎克說：「黃金的枷鎖是最重的。」現實生活就是這樣，在我們忙著淘金的同時，似乎逐漸忘記了那曾在「岸邊」的初衷，在不斷創造物質財富的同時，逐漸迷失了自我，變得機械和麻木，再也沒有了清貧時的單純和真誠，多了幾分城府和狡詐。在財富與壓力指數成正比的今天，富人追求目標的同時，也放

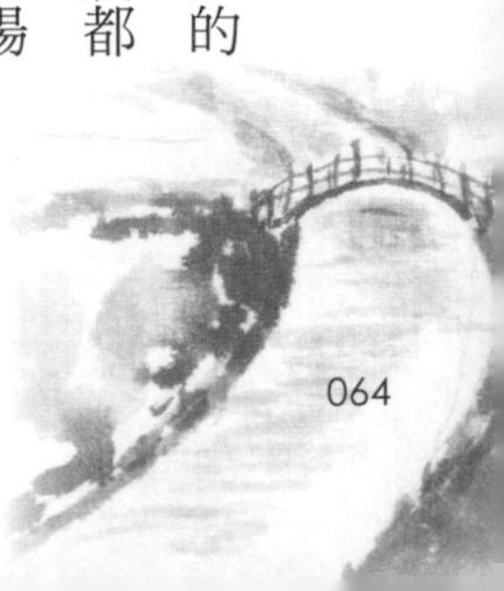

棄了常人唾手可得的普通幸福，超過限度的金錢反而會成為煩惱的代名詞。

美國賓夕法尼亞大學的葛蘭·法爾博和哈佛大學的蘿拉·塔赫曾做過一項調查研究。他們選取了兩萬名美國公民，從二十歲到六十四歲不等，而且還參考了一九七二年到二〇〇二年間美國相關社會學研究的資料，從年齡、家庭收入、健康狀況、文化水準、種族和婚姻狀況等眾多因素入手進行了研究。最終他們發現，主宰人們幸福的最主要的因素是健康，其次才是金錢與家庭狀況。

心理專家研究發現：在影響人們幸福的因素中，金錢只起到五分之一的作用，在構成美好生活的成分中，它所起的作用則是六分之一。一九九六年，伊利諾伊大學心理學家的一項研究顯示：中大獎的人在他們碰到好運一年後，會變得比以前更加不快樂。還有許多對中獎者的調查表明：突然間得到大量的金錢並不會使人幸福。當過了中大獎帶來的新鮮期，他們反而會陷入不安之中，而且他們的生活也會遭到一定程度地破壞，比如與朋友之間產生隔閡，與家人吵架，對奢侈的生活不適應等等。因此，並不是只有富翁才有資格獲得幸福快樂的生活，因為快樂感和滿足感取決於相對的富有，來自於對比中的優越。也就是說，你只要比周圍的鄰居們更富有一點，你就更容易感到幸福。

德國哲學家齊美爾說：「金錢是一種介質、一座橋樑，而人不能棲居在橋上。」看淡財富，讓金錢成為點綴生活幸福的工具，就像那個漁夫一樣，只有看淡金錢，幸福才能長留身邊。

知足者常樂，滿足是最真實的財富

有一個研究小組曾經做過這樣一個實驗：他們在街上找了一個乞丐，並且乞丐每回答一個問題就給十美元。「如果你有十美元，你會怎麼辦？」「我會找一個飯店美美地吃上一頓飯！」「五十美元呢？」「找個旅店洗個澡住一個晚上」……隨著錢數目的增加，乞丐的回答也趨於貪婪，最後到了調查結束時，他雙眼直盯著他們，似乎還想回答問題獲取更多的錢財。在這個實驗裡，我們看到了潛藏在人們體內的深不可測的慾望。

在《柳河東集》裡有這樣一段記載：有一種貪心的小蟲叫負版，負版的背能揹東西，走路的時候，只要碰到東西就會停下來，用頭頂著放在背上。這樣一路

走來，它背上的東西越來越多，幾乎壓得它連氣都喘不過來了。但是，它卻一件都不捨得扔下。它掙扎著艱難地向前爬，爬著爬著，一個跟斗跌倒，摔昏了。過路人看了，可憐它，幫它把背上的東西卸下來。可是，它只要一醒過來，就急急忙忙地把那些東西又放到背上，繼續揹著走。負版總愛往高處爬，爬得越高，心裡越高興。但是，沒多久它渾身的力氣都用完了，最終掉下來摔死了。

這個故事是寓意人類貪得無厭的本性，更是現代人的生活寫照。不知足就會有慾壑難填、醜惡犯罪，縱使錢再多，但仍然感覺痛苦；縱使你擁有健康的體魄，但仍然感到不足而頓生悲哀；縱使你擁有幸福美滿的家庭，但仍然視而不見而陷入困境。正如席慕蓉所說，金錢是一種有用的東西，但是，只有在你覺得知足的時候，它才會帶給你快樂，否則，它除了給你煩惱和妒忌之外，毫無任何積極的意義。

一九八三年，石油危機爆發，石油大亨默爾不停地奔波於兩州之間，連日的勞累終於使他病倒了。但當他病好後卻賣掉了公司，回到老家蘇格蘭定居下來。記者問他原因，默爾指著羅斯頓的名言，說：「利奧·羅斯頓。」後來有人發現默爾在他的自傳中寫了這麼一句話：「富裕與肥胖沒有什麼兩樣，不過是獲得超過自己所需的東西罷了。」而默爾正是在羅斯頓的史言裡學會了知足，並明白了，對於一個人來說，最大的財富就是健康和快樂。

諾貝爾說過：「知足是唯一真正的財富。」人人都想站在人生舞臺的最前面擔當最佳主角一色，當欲望促使人們去倉促地採取行動，而最終無法得逞時，才悔悟：知足者，方能獲得最大的滿足。其實幸福在哪裡，幸福就在我們心中，一個安穩踏實的夢，一個和諧溫馨的家……所以，從今天起，卸下你沉重的包袱吧，用嶄新的眼光來重新審視你自己，讓自己的靈魂掙脫無止境的需求，進入怡然之境，這樣的你才是最富有的。

智慧品人生

幸福不僅需要財富，更需要尊嚴為先、價值彰顯，需要多一些「受之於人者太多，出之於己者太少」的感恩情結，少一些「身在福中不知福」、強求他人的消極思維，而財富不過是實現幸福這個終極目標的階梯而已。不要再把金錢看成唯一一種衡量生活好壞的東西，不再視之為一種較多或較少、很多或不足、富裕或貧窮的東西。要把金錢看做一種可以讓你順利過生活的基本要素，看做一種工具，借此工具，你可以做想做的事，可以擁有一些能帶來喜悅的東西，可以去體驗一些加強自己能力的事情。不管什麼時候，對待金錢都應保有一份平常心，只有這樣，你才能更加專注於生活的品質，而不太在乎金錢的獲取。

4．君子愛財，取之有道

> 貪婪是一種會給人帶來無限痛苦的地獄，它耗盡了人們力圖滿足其需求的精力，可並沒有給人帶來滿足。
>
> ——弗洛姆

君子愛財，取之有道，是千百年來的智慧結晶。此處的「道」所指的是靠自己能力、在法律道德、規章、情理允許的範圍內得到的金錢！孔子早在《論語》

中就曾言「君子喻於義，小人喻於利」。以君子之義，取財於「道」，既弘揚中華民族精神，又維護個人利益，做得有理有據有節。孔子還曾說過：「富與貴，是人之所欲也，不以其道得之，不處也；貧與賤，是人之所惡也，不以其道得之，不去也。君子去仁，惡乎成名？」有錢有地位，這是人人都嚮往的，但如果不用人道的方式得來，君子是不肯接受的；貧窮低賤，這是人人都厭惡的，但如果不用人道的方式擺脫，君子是不去擺脫的。君子一旦離開了人道，還怎麼成就好名聲呢？君子愛財天經地義、無可厚非，「君子喻於義」與「君子愛財」並不矛盾，重要的是「道」正確與否。

誠然，時下關於「金錢論」的爭議頗多，但錢財畢竟屬於「養命之源」，生存迫使我們誰都離不開金錢。但是請記住，吾輩愛財，取之有道。只有這樣得來的錢才不至於心虛，才不至於讓外人瞧出你的「小」。丟掉了正義、道德和人品，換來沾滿貪欲和罪惡的錢財，則留之心懼，用之手軟，終會多行不義必自斃！

世上之路雖有千千萬，但只有正道可取，求財、理財也一樣。選擇了正道，

努力拚搏就會事半功倍；選擇了邪道，恐未發財反倒因財耗身。望君擇善而取之，見惡果斷捨去。

智慧品人生

古人曾說過：世人熙熙，皆為利來，世人攘攘，皆為利往……不管是聖人還是神人，對金錢都有正常的欲望。關鍵是我們要能夠始終保持平常的心態，不過分地沉迷於利祿、聲色和權慾之中。要知道，人有欲望並不是錯誤或者罪惡，縱欲才是。貪欲者，眾惡之本。人一旦貪欲過分，就會亂了方寸，計算謀略一亂，欲望就更加多。欲貪多，心術就不正，就會被貪欲所困，離開事物本來之理去行事，就導致把事做壞、做絕，大禍也將臨頭。受貪欲的影響，總是奢望自己能夠多占多得，不勞而獲，稍不如人，便氣恨不已。只見眼前的利益，有損人格不說，長遠的利益也同樣會失掉。不要被金錢沖昏了頭腦，只有勤奮地工作，創造性地勞動，有智慧地經營，才是掙錢的正道。

5．勇於捨棄眼前的誘惑

目光遠大的人不會注意到，鼠目寸光的人反而看得清楚那些擺在眼前的東西。
——庫格曼

人世間，許多人都會因為急功近利而因小失大，這些人只顧眼前，思慮不到未來，沒有遠大的目光，自然也不會取得成功。

《韓非子》中有一句話：「顧小利則大利之殘」。生活中，如果只顧眼前利益，而不從長遠利益去謀劃，那麼最後眼前的利益也會失掉。一個精明的人，一定要把目光放得長遠，即使眼前失利、陷入憂困的境地，也要去研究、規劃自己的長遠發展。美國的《幸福》雜誌有一篇評論當代企業領袖必備標準的文章中這樣寫道：「那些畏懼矛盾，不敢有長遠規劃的企業家最終將退出舞臺，因為人們渴望追隨的是那些具有遠見卓識的企業領袖。」

放棄眼前才能成就最終輝煌

一八四六年十月，多納爾家族一行八十七人在前往加州的路上被大雪阻隔，無情的風雪把他們困在關卡裡無法前進。就這樣他們一直在那裡堅持了四十天，有一半人因為疾病和饑餓而陸續死亡。最後，終於有兩個人決定出去求援。令人意外的是，他們在徒步的情況下，很快就到達了一個小村莊，並帶回了一支醫療隊，剩下的人獲救了。

也許許多人都會好奇，在那樣惡劣的環境下，在面對死亡和饑餓的威脅時，為什麼他們沒有馬上出去求援，而是在此空等了四十多天以後，才決定放棄那個地方呢？為什麼沒有人願意冒險出去求援？原因很簡單——他們不願意放棄身邊的財產。

在這四十多天中，他們並不是在空等，而是試圖將馬車和財物一起弄出關口，結果卻因為風雪太大而失敗，最後他們在筋疲力盡之下只得放棄了。就這樣任由大雪圍困在關口，直到耗盡所有的食物和供給。

這樣的事情雖屬特例，但是生活中卻有同類的悲劇在不斷地上演，經常會有很多人都陷入到這種「關卡」裡不能自拔。由於害怕失去既有的社會地位、豐厚的收入、漂亮的辦公室以及握在手中的權力，寧可守著一份並不喜歡的工作，虛度數十年的光陰。你在生命之路上越是往前走，你就聚積越多的包袱和負擔——財產、名位、習慣、人際關係……當你擁有的越多，你就越不捨得放下，於是只能依舊走著既定的道路，而不敢冒險突破，這樣一成不變的生活，註定了你平庸的一生。

不願捨棄眼前所擁有利益的人目光短淺，雖然他們會暫時表現得相當出色，但是卻缺少一種對未來的把握和規劃能力，做事只停留在現在的水準上。例如，很多人找工作，存在一種頻繁跳槽的現象，大多時候被眼前的高報酬與高職位所迷惑，沒有自己的長遠發展規劃。一些很有頭腦的遠見之士就提出了這樣的諄諄告誡：「不要只看待遇與職務，要挑一個能夠學習的環境、願意培養員工的企業、一個重視你的專業的公司，最後，還要挑一個人，即老闆。」是的，有抱負的人不會只顧眼前的利益而忽視長遠的發展，他們會從中找方法、找機會，取得

大的收穫。

一個人如果只顧眼前的利益，也許會得到短暫的歡愉，但是最終卻都逃不開失敗的結果；一個人目標高遠，但也要面對現實的生活。只有把理想和現實有機結合起來，才有可能創造成功。有時候，一個簡單的道理，卻足以給人意味深長的生命啟示。

放長線釣大魚

在十九世紀的歐洲，羅斯柴爾德幾乎成了金錢和財富的代名詞，這個家族建立的金融帝國影響了整個歐洲乃至整個世界歷史的發展。如此的成功當然離不開一定的秘訣——放長線釣大魚。

當時，猶太人是備受歧視的，羅斯柴爾德要想取得成功，就必須接近手握大權的領主，取得他的信任。他借當地領主比海姆公爵召見的機會，不但把花了很多心血和高價收集的古錢幣以低得離奇的價格賣給公爵，而且還極力幫助公爵收古幣，經常為他介紹一些能夠使其獲得數倍利潤的顧客，不遺餘力地幫公爵賺錢。長此以往，公爵從中獲得了巨大的利益，並且對錢幣收集越來越感興趣。慢慢地，他和羅斯柴爾德的關係發展成為了長期的合作夥伴關係，而不僅僅是幾筆買賣的普通顧客。

如果說偶爾幾次的「捨本大減價」是很多人都可以做到的，那麼羅斯柴爾德這種長期幫別人賺錢的做法就是很難得的了，甚至不被人理解。但是，就是在這樣的情況下，羅斯柴爾德憑此獲得了巨大的利益。雖然他在宮廷出出進進，但自己在經濟上仍然相當拮据，為了實現長期戰略，他寧可捨棄眼前的小利。這種把金錢、心血和精力徹底投注於某個特定人物的做法，日後便成為羅斯柴爾德家族的一種基本戰略。如若遇到了諸如貴族、領主、大金融家等具有巨大潛在利益的人物，就甘願做出巨大的犧牲與之打交道，為之提供情報，獻上熱忱的服務，等到雙方建立起無法動搖的深厚關係之後，再從這類強權者身上獲得更大的收益。他的這種策略沒多久就奏效了，在他二十五歲那年，終於獲得了「御用商人」的頭銜。

放長線釣大魚，捨小利獲大利，這就是成功的猶太商人的生意經。看一個人

是否具有長遠眼光，主要是看此人能否抵得住小的誘惑。最可怕的敵人，不是你的競爭對手，而是你自己。很多時候，我們常常被眼前的利益所迷惑，而忽視了其他利益。認為看得到的利益就是最大的、最好的，而等到我們把事情做完後才發現，原來還要耗費那麼多的精力和時間。如果用同等的精力和時間去做別的事情，雖然一下子沒有那麼大的利益，但是做的事情卻多得多，總利益也比作一件事情來得要多得多。

一個人要學會選擇，正確取捨，懂得「放長線釣大魚」的道理。但當「小」充滿誘惑，而「大」又十分遙遠的時候，選擇才顯得至關重要。大企業家之所以能創建並經營好大企業，都是具有大的視野和長遠的目標的。《塔木德》上說：「在仔細權衡利弊得失之前，不可採取盲目的行動。」要想使一個企業有大的發展，管理者就要有戰略的眼光，要學會放棄，只有放棄眼前的蠅頭小利，才能獲得長遠的大利。但也不能脫離現實，要把近期利益與長遠利益相結合，把理想和現實有機結合，這樣才有可能取得成功，使企業得到長足的發展。

智慧品人生

人生如下棋，能顧全大局的人總是會有大的收穫，不管是利益還是經驗上攫取的東西都要比常人多的多，這是智慧。「鼠目寸光」的人是無法幹成大事的，因為他只能看到眼前的一小點利益。只有那些眼光長遠放眼未來的人，才能在未來人生的道路上有所作為。

因此，要想獲得成功，就必須要捨棄眼前的誘惑。只有放棄眼前利益，才能獲取長遠大利，這也是經商的成功之道。人生在世，該放棄的一定要毫不猶豫地放棄，不放下你手中無用的東西，又怎能拿得起另外那些有價值的東西呢？可以說，任何收穫都是以放棄為基礎的。在我們在追求大目標的路上，總會被一些小利益所誘惑，常常讓我們迷失了方向，即使是到達了最終的目標也許已經錯過了最佳時機，且經歷了許多磨難。造物主不會讓一個人把所有的好事都占全，魚和熊掌有九成九的機會是不可兼得的，有所得就必有所失，這是個不可否認的事實，只有善捨魚，才能得熊掌，捨小取大，相信是每個人的必然選擇。

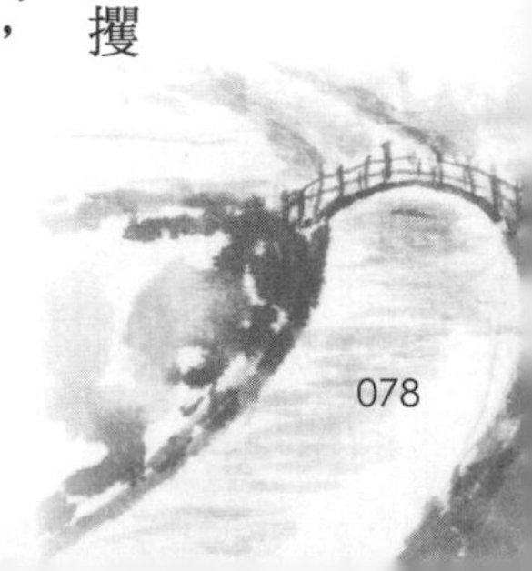

第三章

職場衝浪，在捨得中尋平衡

掌握好捨與得，讓你在職場生涯中如魚得水。

在競爭日益激烈的今天，在職場中就應該以長遠的眼光看問題，懂得額外付出的人其實才是真正的聰明人，因為他們是在認真地對待自己的人生！捨得放棄，其實是一個人真正屬於了自己，真正懂得了如何駕馭自己。

1．累與不累，取決於自己的心態

工作是一種樂趣時，生活是一種享受！工作是一種義務時，生活則是一種苦役。
——高爾基

我們經常會聽到有人這樣抱怨，「好累啊！」「活著真累……」。如今人們工作的節奏急劇加快，的確容易導致人們「太累」。為了生活，為了家庭，為了前途，這樣一天天一年年艱辛耕耘、奮力拚搏，覺得太累也是必然的事情。但能不能讓自己不那麼「累」呢？答案是肯定的，關鍵是要保持好的心態。

法國的哲學家伏爾泰說過：「工作攆跑三個魔鬼：無聊、墮落和貧窮。」可見，工作也的確賦予了我們很多東西。所以，我們不要只抱怨自己被工作所累，而要以良好的心態從工作中得到快樂。當你得到了一個輕鬆、自由、壓力小、但工資有點低的工作時，眼睛不要總是盯著工資低不放，而應該多想想——自己多自在啊！相反的，當你得到了一個工資很高、壓力大、不自由的工作，要想從中感到快樂，眼睛就不能總是盯著工作壓力大不放，而應該多想想——自己的工資待遇高啊，這是大多數人所沒有的。

聰明人不會被生活所累，讓不良情緒牽著走。工作也是一樣，工作雖然累一點，但有失必有得，付出了汗水，就可獲得甜蜜；付出了辛苦，就可獲得無悔。生活因「累」而多姿，人生因「累」而壯美，良好的心態使人能夠正確看待失與得，累並快樂著……

原來工作也可以如此快樂

傑克終於找到了一份待遇不錯的工作，在一家快遞公司做司機，上班的第一天，公司派了一名老司機魯特來指導他，魯特是公司資歷很老的一個司機，他開了大半輩子的車，幾乎跑遍了全國各個角落。魯特起初讓傑克自個兒開車，傑克駕駛著車在馬路上跑了三個小時，很疲勞，他請求魯特替換自己。魯特接手後駕駛七、八個小時，卻依然能夠精神十足地邊開車邊吹口哨哼著歌。傑克很納悶，他禁不住問魯特為什麼開了這麼長時間的車，卻還能這麼精神抖擻。魯特反問

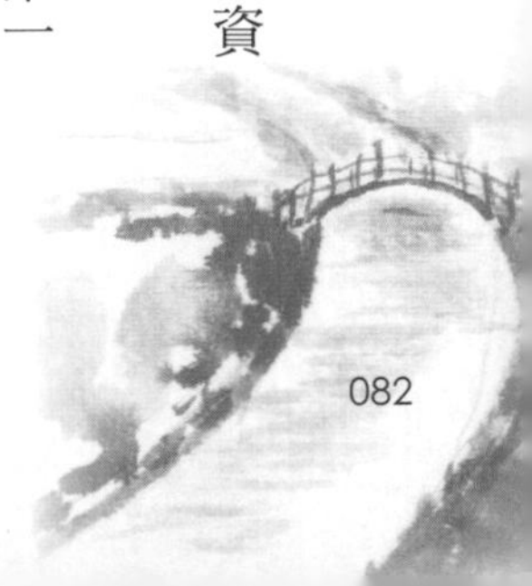

他：「你早上離開家時，是怎麼樣向你的家人道別的？」傑克很疑惑但如實地回答說：「離家前我跟妻子告別說：『親愛的，我去工作了。』怎麼？這有什麼問題嗎？」「問題就在這裡了」「什麼問題？」魯特笑著說：「我早上離家時也會跟妻子道別，不過我不是跟她說我要去工作了，我說白天要開車到處兜兜風。」

如果你是傑克，你聽到老司機魯特的話會有何感想？工作到底累還是不累完全取決於個人心態。以正確的心態去看待工作生活，不要把工作當做是為了生活而不得不做的事，要以一顆感恩的心去對待身邊的事物，要像老司機魯特那樣，懂得從枯燥的工作中尋找快樂，學會從另一個角度去看待事物，在他看來，這份工作不但可以讓他每天開車兜風，遊遍全國各個角落，而且還可以因此而得到報酬，滿足家庭生活需求，這等的美事何樂而不為呢？

許多心理學專家發現，一個人的心態可以影響他的一切。為什麼有些人可以擁有高品質的生活，事業成功，賺很多的錢，良好的人際關係，健康的身體，每天快快樂樂地品味人生？而有些人忙忙碌碌地勞作卻只能維持生計。前者因工作而瀟灑快樂，後者卻因工作而愁悶不堪，為什麼工作的鏡子可以照出兩種完全不同的面孔呢？其實，這並不是工作的好與壞，清與閒所造成的，而是他們擁有不同的心態造成的。因為能從工作中找到樂趣，快樂工作的人更容易取得成功。生活就是這樣，要麼你去駕馭生命，要麼生命駕馭你。

「樂之者」怎會覺得累

論語有云：「知之者不如好之者，好之者不如樂之者。」瞭解一件事的人不如喜歡一件事的人，喜歡一件事的人不如以這件事為樂趣的人。應該說能從工作中得到樂趣、得到快感的人才能夠有超然的生活。視工作為樂趣，人生就是天堂；視工作為痛苦，人生就是地獄。我們從事的工作有趣與否，往往取決於我們的心態。就像生命，它本沒有什麼明確的意義，是我們賦予了它意義。工作也同樣，它本身無所謂有趣與否，是單調乏味還是充實有趣，往往取決於我們對待它時的心境。

在生活中，我們要試著從不同的角度去思考問題。是否能從工作中感受到樂趣，歸根結底是一個心態問題。樂觀的心態使你能夠保持良好的狀態，即使是在困境中也能發現積極的一面，想辦法走出困境。而悲觀的心態使你過分關注不盡如人意的方面，看不到工作的樂趣，即使給你一份好的工作，也會被這種消極的心態摧毀。

有很多人抱怨從事的工作不是自己喜歡幹的，找不到任何樂趣，覺得一切都這麼讓人感到乏味。其實工作中並不是沒有樂趣，而是缺少發現樂趣、感受樂趣的心！然而，如果擁有興趣，就會更自覺地爆發激情，因而更容易感受到樂趣；可是，如果沒有健康積極的心態，即使你從事的是自己最喜歡的工作，你依然無法真正地體驗工作中的樂趣並持久地保持對工作的激情。要做到真正意義上的「樂之者」，要愛上自己所從事的工作，並且以一顆平淡無爭的心去對待，不要盲目地與人攀比，一味地去尋找別人工作中的樂趣，而給自己找不快，只要做到知足常樂，就能夠得到真正的快樂。

「樂之者」在於以積極的心態去工作，去生活。他們以建立事業的心態、增長本事的心態、豐富人生的心態去工作、去奮鬥、去拼搏，這樣當然不會覺得累。攀登者的樂趣，在於「山登絕頂我為峰」的自豪；涉險者的行為，源於「挑戰極限、超越自我」的目標。安逸散漫的生活只能在歲月的天空中劃出平淡的印痕，奮鬥拚搏的生活才能使人生的畫布充滿絢麗的色彩。「樂之者」善於在樂趣中工作，愛己所選，不輕言變動。他們善於把一些無謂的煩惱丟掉，快樂就有了更多更大的空間。心中不斷地被快樂填充著又怎麼會覺得累呢？心是快樂的，人也會因此而充滿朝氣，鬥志昂揚，笑對人生的每一天！

智慧品人生

工作不是人生的全部，但人生的價值要靠工作來體現。世界上的每一個人都值得擁有一份有趣的、能夠給自己帶來成就感和回報的工作；一份可以體現自我，發揮潛能的工作；一份讓我們期待上班的工作；一份挑戰自我、達成更高成就的工作。現實中，大多數人都因生存而累，或是因盲目攀比而累，不要因自己的工作不如別人而厭惡自己的工作，這樣只會使自己的狀況更加惡化。只要能夠擁有積極的心態去看待，即使你從事的是一份你不喜歡的工作，你也能從中找到樂趣，從而實現人生的價值。

2・捨得是永恆不變的生意經

有錢大家賺，利潤大家分享，這樣才有人願意合作。假如拿10％的股份是公正的，拿11％也可以，但是如果只拿9％的股份，就會財源滾滾來。

——李嘉誠

李嘉誠曾說過這樣一段話：我覺得，顧及對方的利益是最重要的，不能把目光僅僅侷限在自己的利益上，兩者是相輔相成的，自己捨得讓利，讓對方得利，最終還是會給自己帶來較大的利益。占小便宜的不會有朋友，這是我小的時候我母親就告訴給我的道理，經商也是這樣。

捨得，捨得，有捨才有得。「捨」即捨棄，放棄。「得」即得到，獲取。人的一生會被許多難以取捨、困惑不已的瑣事糾纏不清，這時所需要的就是斷然地捨棄與明智地抉擇，如果堅持只取不捨，那麼最終會什麼也得不到。敢於放棄眼前的利益而最終贏得長遠的利益，放棄局部的利益而最終贏得整體的利益，這是做事的成功原則。成功的商人善於放棄，放棄私欲而贏得真誠的合作，放棄暴利而贏得廣大的市場。

學會「捨」，我們可以得到更多

人們常說：放棄，有時也是一種智慧。而且還是人們難以掌握、難以運用自如的一種大智慧。生活中當你拿得太多的時候，就必須要放棄一些；一條路走得太久而沒有結果，就要學會適時地放棄。我們的生命並不長，匆匆數十載，實在沒有太多的時間作為賭注押在唯一一條路上。「永不放棄」聽起來很美，但並不適用於每一件事，每一種職業和每一個人。

放棄的是否得當，關係著一生的榮辱，萬萬不可等閒視之。放棄的藝術有三個不同的境界：第一個境界是「勇於放棄」，這種放棄往往是處於被動之中的無奈，但也難能可貴；第二個境界是「樂於放棄」，以奉獻他人為樂，可算是真君子；第三個境界是「善於放棄」，該捨時果斷出手，該守的絲毫不讓，能夠達此境界，堪稱知仁知義知禮的俊傑。

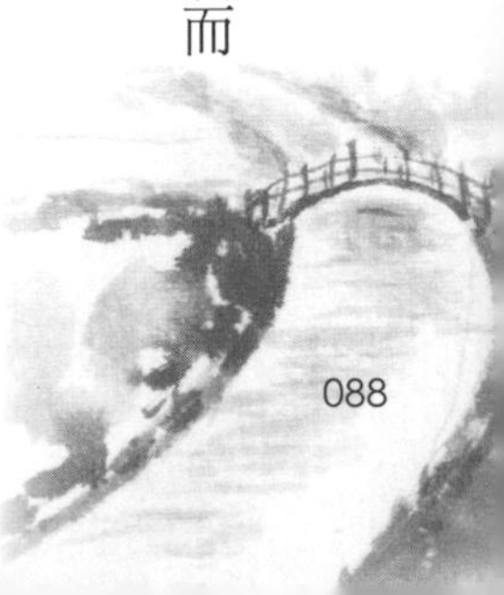

林舒從小就生活在富足的家庭中，但他並沒有因此而安於現狀，他想要有自己的成就，不要永遠活在父親的佑護下。因此，他青年時就離家去尋找真正屬於自己的路，靠自己的力量去挑戰世界。數年過後，他拖著失落的、疲憊不堪的身體與心靈回來了。

父親並沒有說什麼，只是拿了三塊西瓜放到林舒的面前說：「現在每塊西瓜都代表一定程度的利益，你會選擇吃掉哪塊？」回答是：「當然是最大的那塊！」「那好，請吧！」說著，父親便把那塊最大的西瓜遞給兒子，而自己卻吃起了最小的那塊。很快，父親就吃完了，隨後拿起桌上的最後一塊西瓜得意地在兒子面前晃了晃，大口地吃了起來。邊吃還邊給兒子講了一個小故事：三個商人帶著開採了十年的金子，越洋歸國，中途不幸遇到了暴風雨。一個商人為了保住金子，而被大浪吞沒；一個商人為了留下部分金子，最終與船同歸於盡；最後一個商人則放棄了船上的金子，乘救生艇逃離了危險。後來他又帶領船隊，打撈出三條裝金子的貨船，擁有了三個人的財富。

兒子頓時明白了父親的意思：父親吃的西瓜雖然沒有自己的大，卻比自己吃得多。如果每塊西瓜代表一定程度的利益，那麼父親占有的利益自然比自己多。最後一個商人雖然暫時放棄了十年的成果，但最終卻得到了價值三倍的財富。要想成功，就要學會放棄，只有放棄眼前的利益，才能贏得更長遠的大的利益。暫時的放棄，可能是另外的一種轉機。

所有商業活動都是利益交換的過程，你對別人捨，才能得到更大的收穫。利他就是利己，幫人就是幫自己，這就是捨與得之間的辯證法。

智慧品人生

擁有是一種幸福，有的時候捨棄是為了能夠更好的擁有。人們要學會善於放棄，在放棄中尋找新的轉機。樹木為了長高，必須放棄多餘的枝葉；花朵為了結出果實，必須放棄綻放時的美麗。放棄是一種苦，但是苦中也有樂。任何事情只有學會適時適當的放棄，才能徹底的解悟「落紅不是無情物，化作春泥更護花」的真正含義。事業上也是一樣，只有放棄貪慾虛名、放棄權力角逐、放棄金錢的誘惑，才能卸下人生的種種包袱，輕裝上陣，快速地到達目的地，獲得大的成功。

3・得從額外的付出開始

在激烈地競爭當中多付出一點，便可多贏一點。就像參加奧運會一樣，你看一、二、三名，跑第一的往往只是比第二、三快了那麼一點點。——李嘉誠

也許每個人都明白這個道理：一份付出一份回報，一份耕耘一份收穫。沒有努力，就沒有成功；沒有付出就沒有回報；沒有鮮花和掌聲，就沒有喜悅和淚水。付出是得到的序曲，否則不切實際地空想只會化做瞬間的泡影。許多成功人士並不是在突然間就有很大的成就，那是他們努力的必然。當他們的同伴沉浸在甜美的夢鄉中時，也許他們還在深夜的孤燈下苦苦奮鬥……只有捨得付出，才會有回報。

有很多初入職場的新人，每天不是抱怨工作太累，就是抱怨老闆對自己不好，或是抱怨同事關係不好處等等，他們總想著從別人身上多得到一點，卻從來沒想過自己多付出一點點。沒有付出，哪來的收穫？成功的人付出都是很多的，

只是我們注意到了他們成功的光環，卻沒有注意他們曾經艱苦的奮鬥和成功前承受的巨大壓力。所以，放下抱怨，學會比別人多付出一點，你就會收到意想不到的收穫。

每天多付出一點點

在人們的日常生活中，存在著一個偉大的定律，叫付出定律。它告訴我們，只要你有付出，就一定有獲得，獲得不夠，表示付出不夠，想要得到更多，你必須付出更多。人生就是一個追求卓越的過程，你只需要今天比昨天多付出百分之一，每天進步一點點，就已踏上卓越之路了。也許你可能不相信，從「差不多過得去的員工」到變成一位「優秀員工」，其實只需要你每天多付出一點點；然而，你卻會因此得到很多，你的生活以及整個人生也許都會因此而發生改變。

在工作中，每天多做一點點，也許你的初衷並非為了獲得更多的報酬，但往往獲得的比你應該得到的更多。成功者與失敗者的差距，並不像大多數人想像的那樣有一道巨大的鴻溝橫在面前。其實，成功者與失敗者的差距往往在一些小小

的事情上：每天比他人多做一點點，每天花五分鐘的時間查閱資料，每天多打一個電話，在適當的時候多一個表示，多做一些研究，或者在實驗室中多實驗一次……就因為這一點點，你卻向成功邁進了一大步。

瑪麗是一個公司的小職員，從事速記工作。一個星期六的下午，一位律師走進瑪麗的辦公室，想讓他們公司的一位速記員來幫忙整理一些工作，並且這份工作要的比較急，必須在當天完成。瑪麗聽了他的請求以後，告訴他公司所有速記員都去觀看球賽了，如果他晚來五分鐘，自己也會走，因為已經到了下班的時間。但瑪麗同時表示，如果這位律師不介意的話，自己願意留下來幫助他，因為「球賽隨時都可以看，但是工作必須在當天完成」。律師聽了她的話，真是求之不得，感謝瑪麗幫了他的大忙。

瑪麗把律師交給她的工作做完以後，已經是晚上十點多了。她把工作交給律師之後，律師問：「耽誤你這麼長時間，我該給你多少錢呢？」瑪麗開玩笑地回答：「哦，既然是你的工作，大約一千美元吧。如果是別人的工作，我是不會收取任何費用的。」律師笑了笑，向瑪麗表示謝意。瑪麗的回答不過是一個玩笑，她並不想得到那一千美元。但令瑪麗沒有想到的是，那位律師竟然真的這樣做了。六個月之後，瑪麗已將幫那位律師整理檔的事忘到了九霄雲外，可是，有一天瑪麗快要下班的時候，律師卻找到了瑪麗，交給了她一千美元，並且誠懇的邀請瑪麗到他的公司工作，薪水比現在高出一千多美元。就因為瑪麗放棄了自己的休息時間和喜歡的球賽，為別人多做了一點事情，卻為她的人生發展帶來極大的轉機，讓她在同行中脫穎而出。

多付出一點點，多克制一下自己，對工作多一點喜歡，對公司的事情多關心一點，對公司的財產和利益多一點愛惜，對公司文化和各種規定多一點認同，對每天和你相處的同事多一點尊重，對自己的家庭多一點責任，對自己的父母多一點孝心，對自己的兒女多一點愛心，你就能從一個「差不多過得去的員工」或「有時有點問題的員工」開始變成一個優秀員工。

想成功，就得比別人付出更多

一個成功的推銷員用一句話總結了他的經驗：「你想要比別人優秀，就必須

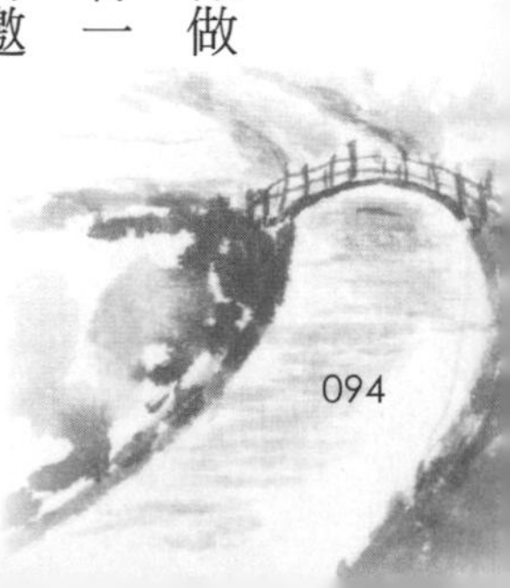

堅持每天比別人多訪問五個客戶。」是的，就是這五個客戶成就了一個人一生的優秀。「比別人多做一點」，這幾乎是事業成功者高於平庸者的秘訣。

冰心寫過這樣一首小詩：成功的花，人們只驚喜她現在的明豔！然而當初她的芽兒，浸透了奮鬥的淚泉，灑遍了犧牲的血雨。這一朵毫不起眼的小花卻深刻地蘊藏了付出和成功的真諦。一個人，不管他從事的是什麼職業，都渴望能夠獲得成功，因為成功讓人喜悅，成功的感覺讓人興奮，更因為成功體現了一個人的人生價值。當人們都沉浸在興奮和喜悅中時，有誰會沉思成功背後所隱藏的汗水和淚水。成功的歡笑固然讓人回味無窮，但成功背後的辛酸更加耐人尋味。縱觀古今中外，有哪一位偉大人物的成功不是浸透著拚搏的汗水和執著的精神？假如沒有艱辛的付出，又何來收穫的喜悅呢？

對於在職場中打拚的人來說，願不願多付出、能不能多付出更是成為他們能否成功的關鍵。而偏偏有些人心高氣傲，對領導的管教不服，對同事的勸導不聽，自以為很聰明，擺出一副「事不關己，高高掛起」的姿態。這樣的人恐怕只會離成功的大門越來越遠，到最後輸得一塌糊塗時，還在抱怨自己為什麼不會成功。其實很多時候我們並不是敗給了其他人，更多的時候是敗給了我們某種習慣和思維方式，或者說是某種性格取向。

「比別人多做一點」，是每一個人走向成功的一條重要準則。人生沒有可供你駐足的港口，自我本身永遠是一個出發點，無論何時何地，只要有創造就有收穫，只要有自強不息的進取精神，就能證明生命的存在，只要我們在平凡的崗位上，堅持每天多做一點，你總能置身於柳暗花明又一村的境界中。

世界上令人矚目的成功從來都不是偶然的，它永遠屬於那些用畢生的精力甚至自己的性命去努力奮鬥的人。正是因為這些人比別人多了一些付出，所以他們能夠品嘗到成功的來之不易。古語說：「不經一番寒徹骨，焉得梅花撲鼻香！」如果你不願虛度光陰，那麼，就請多付出一些努力！多做一些事，讓你的人生更加輝煌。

智慧品人生

每天多做一點點，意謂著什麼呢？意謂著改變自己——一件事情會影響一個

人的命運，也許幾件事情就會改變一個人的一生。每天多做一點點，是聰明人的選擇；每天少做一點點，是投機者的把戲。前者是主動掌握成功，後者是利用成功；前者為長久的人生之道，後者為短暫的機會偶遇。你所付出的額外服務會為你帶來更多的回報，也許，成功的契機就隱含其中呢。

職場的法則永遠都是：想要比別人成功，就必須比別人多付出。你付出的越多，上帝給你的饋贈就越多。多一分付出就意謂著多積累一份資本；多一分付出，就意謂著多顯露一份才華；多一分付出，就意謂著多閃現一份美德；多付出一分，就意謂著多獲取一份成功。只有多一些額外的付出，才能得到常人得不到的成就。

4．捨得投入，職場的充電投資「經」

對自己不滿足是任何真正有才能的人的根本特徵之一。

——契訶夫

在職場中，幾乎每個人都會遇到這種情況：當事業發展到一定階段，會陷入一種無法突破的怪圈。表面上看這些白領都有一份好工作，收入也很不錯。但這些都是他們通過激烈的競爭獲得的，危機感時刻圍繞著他們。其實，問題並不複雜，這些人是遭遇了「職場休克」。每個人都面臨嚴酷的職場競爭考驗，企業在員工淘汰上不再留情，新人的「陣亡率」不斷攀高，如果自己也陷入了這樣的職場尷尬，遭遇「職場休克」時該怎麼辦？如何避免「職場休克」？

其實，答案很簡單：如果你想對現有狀況做些改變，知識無疑是最有力的工具。不斷學習，給自己充電是每個職場人謀求進步的必經之路。人才市場中的激烈競爭永無休止。要讓自己「不貶值」，那就需要不斷地「充電」。正如人們常說的：你永遠不能休息，否則，你就會永遠休息。正是在這種殘酷的就業競爭壓

力之下，職場中人都意識到了參加培訓，給自己不斷「充電」的重要性。時下，就有許多白領為了避免工作「干擾」，放棄現有的一切，自砸飯碗，自費進行充電。

堅持充電，拓寬職場視野

大學剛剛畢業的李維去一家網站應聘做了編輯，但是僅僅做了半年，她就厭煩了這種「複製」「黏貼」的無聊工作。毅然離開後，她去了一家臺灣企業做秘書，又是做了半年不到，她開始厭倦公司嚴格的制度，於是選擇了辭職。熱愛自由的她想要考導遊證或者律師證，因為她覺得導遊和律師這種職業會相對自由些。同時，她還不想荒廢了自己的專業，想踏踏實實地去做一個英語老師。兩難之下，她一時沒有了主意。

王弛則是另外一種代表。大學畢業後，王弛到一家IT公司做了技術員，在他的努力下，僅用了三年時間就做到了主管。這三年中他一刻也沒放鬆對自己的學習投資，先後考下了幾個IT認證，在業務上日趨完善，得到了做項目的機會，並因此得到了升遷。

這兩個案例的強烈對比，讓我們看到了職場充電的重要性。中國有句見面問好的俗話，「你吃了嗎？」如今應當改變一下，改為「你學了嗎？」其實，道理很簡單，生存的保障決定於個人的價值，然而要想不斷提升個人價值，只有不斷學習、每日學習。只有學習、創新、再學習、再創新，才有不斷地進步，才能立於不敗之地！而且，隨著市場競爭越來越激烈，知識的折舊遠比固定資產快得多。有材料分析說，每隔十五年，一個人掌握的知識至少會有百分之八十會過時的，因此，我們有必要不斷地給自己「充電」，避免「漏電」。

不斷學習新知識是讓自己處於職場優勢的最佳途徑。美國ABC晚間新聞的當紅主播彼得．詹寧斯就是一個典型的成功代表。在他成名以前，他曾一度毅然辭去人人羨慕的主播職位，到新聞的第一線去磨練自己。經過很多歷練後，他重新回到ABC主播的位置。而此時的他，已由一個初出茅廬的略微有點生澀的小夥子成長為成熟穩健又廣受歡迎的主播兼記者。可以說，彼得．詹寧斯之所以會取得今天的成功，就是因為即使他是同行中的佼佼者時，也沒有被自滿衝昏頭腦，而是選擇了繼續學習，使自己的事業再攀高峰。

要想在職場中保持優勢地位，學習就必須貫穿在整個職業生涯當中。眾所周知，加拿大的就業率是很高的，但是為了獲得更理想的職位和薪水，當地人喜歡跳槽。為了獲得某個心儀的崗位，他們往往先瞭解該崗位的職業要求，並進行針對性充電，以獲得相應的職業資格證書或培訓合格證書，然後，再去應聘。這樣他們的成功率就會相對的高於其他人。所以說，處在當今這個學習型社會裡，人與人之間的差異，主要是學習能力的差異；人與人之間的「較量」，關鍵在學習能力的「較量」。

目前，時代發展的速度超過了想像，二十一世紀已經進入了知識爆炸的時代，生活在這樣一個時代，任何人都必須不斷學習，更新知識，想要用學校學的知識「應付」一輩子，已完全不可能了。如果我們不能做到「與時俱進」，不能使我們的知識得到更新，我們就無法期待「明天會更好」。正如未來學家托夫勒所說，未來的「文盲」是想學習而不會學習的人。

善於「充電」，讓自己增值

在職場上，流行著這樣一則寓言，草原的夜幕下，一頭獅子在沉思：當明天的太陽升起，我要拼命地奔跑，追上跑得最快的那隻羚羊。與此同時，一隻羚羊也在琢磨：當明天的太陽升起，我要拼命地奔跑，逃脫跑得最快的那隻獅子的追趕。行走職場好比逆水行舟，你不進，那就一定是退，而充電就是前進的「動力源」。

「充電」眼下已被公認為職場人保持競爭力的必備武器之一。越來越多的職場人士如同奔跑的「獅子」和「羚羊」，一種對自己原有的知識結構、知識層次不滿意而產生的危機感，促使職場中人走進課堂充電加油。據調查，在二〇〇五年中，幾近半數的人參加過一至二次培訓活動，一次培訓都沒有參加過的受訪者占到２５·６６％，參加了三至五次培訓的人數比例為１８·８％，參加過六至十次乃至十次以上培訓的人相對較少，分別只有３·２％和４·４５％。

的確，充電不失為提高競爭力的明智之舉，但對忙碌的職場中人來說，能夠

用來「充電」的時間畢竟有限，如何才能在有限的時間裡，製訂合理的「充電」計畫，使「充電」的效能達到最大化？如何有意識地選擇適合自己的充電途徑，找準最佳結合點，實現充電的最佳效益，最終擁有決勝職場的能力？做出正確的「充電」規劃，不要讓個人盲目培訓害了你。

必須要有明確的目標。保持敏感，時刻關注自己所處的行業對人員技能和需求的改變，這將決定學習方向。認真分析一下這個領域對所需人才有什麼樣的標準和要求，諸如學歷、工作經驗、專業背景等等；與之相比，自己有哪些長處和劣勢。當認識到自己在某方面的能力不足時，就需要有針對性地選擇可以提高能力不足的方面的課程。

在明確自己職業發展定位和目標的基礎上，選擇對目前的工作或者一段時間內的職業發展目標有幫助的「充電」。當你確定了自己職業定位以後，選取的課程要與今後的職業發展方向相一致，選取可以增加自身的職業資質和提升自己能力的課程。比如：有很多人拿了一大堆證書，結果又沒什麼用，盲目跟風，就是缺乏規劃。所以，在課程選擇上，要選取與今後發展方向相一致的課程。同時，

「充電」要發揮最大效能，還得注意個人職業發展的時機。注意市場的行情變化。想要得到發展，就要隨時按市場的要求調整自己的目標和充電方向，才能在濟濟人才中脫穎而出。

當然，「充電」不能急功近利，最好是量力而行、循序漸進。

智慧品人生

「充電」這個詞很形象，激烈的人才市場競爭時刻提醒著每個人，必須要不斷地自我增值，否則就如同耗損的電池般失去了應用價值。而這一切的實現，我們除了不斷學習、不斷進取，別無選擇。

就像一句古諺所說：「你的船要是有了破洞，就花點時間補好它。」人就好比一台機器，要發揮出它的最佳效能，就得不時地為它加油加水，否則就會損耗得非常快。必備的綜合知識和牢固的專業知識是你在職場中立穩根基的第一張牌。面對日益加劇的職場競爭趨勢，只有不斷學習有針對性地充電，不斷補充新的「血液」才能滿足不斷變化的職場需求，避免遭遇淘汰的厄運，馳騁於風雲變

幻的職場。

學習在今天看來仍是一個終身的話題，我們從事的工作面對著許多競爭者，我們必須比別人先投資才能先收到成果。不管你是剛開始職業生涯，還是工作多年的老手，只要記得時常給自己加加油，只有捨得為自己的充電投資，你才能走得比別人更好，更遠。

5・對員工捨得才會有回報

一個獲得成功的人，從他的同胞那裡所取得的，總是無可比擬地超過他對他們所作的貢獻。

——愛因斯坦

企業經營說到底就是人對人的經營。企業是一個團體，員工是推動企業在市場競爭中取得最後成功的決定因素。企業管理者在追求成功的過程中，離不開與他人的合作，尤其是現代社會裡，如果你想獲得成功，就應該想方設法獲得周圍人的支持和幫助。在商業上，人們通過談判去獲勝。在管理上卻有所不同，只要企業能夠賦予員工關愛，給他們理解，讓他們看到企業的人性化管理，那麼，員工對企業的忠心就是企業最寶貴的資產。

一個人不能總想著自己，也要多想想別人。如果你只想從別人那裡得到，而自己從不付出，那麼，你的朋友就會離你遠去，久而久之就會把你孤立起來。只有善待他人，你才能把自己融入人群，獲得友誼，獲得信任、諒解和支持。管理企業和做人一樣，如果一個老闆吝於對員工付出，那麼員工也就不會盡自己的最大力量為公司服務。所以，管理者要明白這個道理：捨得對員工付出才會有回報。

善待他人就是善待自己

某國有個首富，人稱「瓜王」，因為他由一個普通的瓜農，通過努力創建了自己的企業，並使自己的瓜果事業走向了世界。在他手下有數千名員工，優秀幹將數不勝數。雖然企業在發展期間也出現過危機，可是卻沒有一個員工願意「大難臨頭各自飛」，他們選擇了和企業共患難，最終，集體的力量戰勝了困難，危機過去了，企業也取得了巨大的成功。

當記者來採訪瓜王的經營之道時，瓜王就給記者講了這樣一個故事：

從前有一個瓜農，辛苦耕耘了一片瓜田，終於到了豐收的時候，看著碩果累累的瓜田，他一直沉浸在豐收的喜悅中。可是有一天晚上，村裡出了名的無賴父子開了一輛小貨車在瓜田偷瓜，裝了滿滿一車。就在離開之時，車的一個輪子不慎陷入了淤泥中，父子倆折騰了一夜也沒能把車弄出來。第二天早上，當瓜農趕來，從老遠就看到了此情景，這時，村裡的其他村民也來到地裡幹活。瓜農過來了，無賴的父親看著他，毫無懼色，也毫不愧疚，他甚至已經叫他的兒子回家找幫手拿傢伙準備大幹一場。誰料想，瓜農友善地拍了拍無賴父親的肩膀笑著說：「我知道，你是來買我的瓜的，對嗎？真夠意思，剛收成就來捧場。來，我幫你把車子弄出來。」這時無賴愕然，但立刻會意，順勢拋回一句：「那是，我是來買瓜的。不過你得給我個合理的價。」瓜民說：「成！」事後有人問瓜民：「明明知道他們是來偷瓜的，如果不是車陷泥潭，你可就要損失一車的瓜啊，你怎麼還要幫他找臺階下？」瓜農說了一句富含哲理的話：「善待他人就是善待自己。」

其實，瓜王講的就是自己年輕時的故事。他就是一直堅持著「善待他人就是善待自己，善待員工就是善待企業的未來」這個原則，才有了今天的成就。

如果企業不善待員工，員工也不會善待企業。如果企業樂於為員工付出，那麼，就會調動起員工的工作積極性和忠誠度。對於一個公司而言，優秀的員工是企業優質的資產。各級管理人員有義務保住公司優質的資產。讓員工對公司管理層多一份信任，多一份感情。

給我一滴水，我將回報你整個大海

中國人常講：滴水之恩，當湧泉相報。它頌揚的是中國人的傳統美德。有這樣一句話「善待員工就是好雇主」，所謂管理企業、管理員工，無非是瞭解人性。你瞭解人性，善待員工，員工自然會回饋你。如果你給他們一滴水，他們回報你的將是整個大海。

一個發展中的服裝公司的老闆，無意中發現了公司一名普通女員工小王很有上進心，總是利用工作之餘努力地學習。經調查得知，小王自小家中貧寒，沒能好好地完成學業。她一直在不斷地學習，希望能夠通過知識來改變命運。最後，這家公司的老闆竟作出了這樣的決定，由公司出資供小王到國外深造，小王得知後，感動不已。數年以後，小王的學習之旅即將結束，由於她的成績優異，表現突出，國外許多企業花鉅資想要挖小王過去。為此許多人都覺得老闆要「竹籃打水一場空」了，白白為別人培養了一個人才。

但是，最終小王選擇了回到國內，回到這家服裝公司，為公司效力。在迎接儀式中，面對許多人的疑惑，她講到：「我是一個有良心的人，我曉得『滴水之恩，當湧泉相報』的道理。所以我要回來，回來為恩人效力，為國家效力。」此後，小王把在國外學到的東西運用到企業中，在她與企業全體員工的努力下，公司一天天壯大起來，向國際化企業進軍。

對於員工來講，主觀為自己，客觀為他人，每個員工都會問自己這樣的問題：「我為什麼那麼努力地工作？做得好與做不好有什麼不同？」一個讓員工沒有安全感，感受不到發展希望的企業，是留不住好的人才的。所以，企業要站在員工的立場上看問題，想想「假如我是一名員工，我需要什麼？」而不是站在公司的立場上看問題，唯有這樣才能讓員工對公司的管理層多一份信任，多一份感情。自然可以換得員工辛勤的工作，推動企業向更高發展。

智慧品人生

當今社會中，各行各業人才流動率較高。之所以會出現這樣的情況，是因為員工看不到自身的發展方向。人才的流失也讓有的企業遭受到一定的損失。企業要想留住優秀的員工，就要學會捨得對員工付出，關心他們的成長，給他們一個能使其心情舒暢的工作環境，還必須為其提供有競爭力的待遇。企業的人性化管理，使員工心甘情願地對企業忠心，努力地為企業效力。這樣，企業從員工那裡得到的遠遠要比給予員工的要多得多。

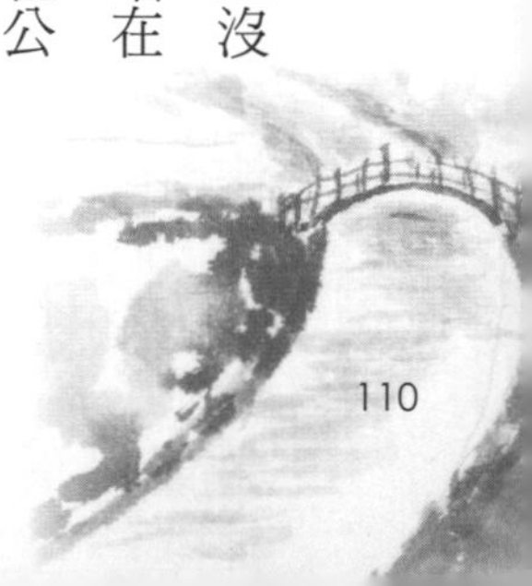

6・放下成見，化敵為友

寬恕可以交友，當你能以豁達開朗的心地去寬容別人的錯誤時，你的朋友自然就多了。

——羅蘭

在各種人際關係中，同事之誼無疑是最微妙的了。即使你在不加班的情況下，一天也有八個小時和同事在一起，我們應該如何對待這種同事關係是不得不考慮的：與家人是親情，與朋友是友情，與戀人是愛情，但與同事之間的關係呢？這是非常複雜的。雖然工作不是生活的全部，但工作無疑是生活中的一大主力元素，跟同事關係的好壞對我們的工作及生活情緒也有著莫大關聯。如果跟同事關係緊張，則可能使我們的工作一團糟，人也會變得懶惰遲鈍，想到未來的歲月在這樣的環境中度過，你一定會覺得非常悲哀吧？

俗語說「以和為貴」。在工作中，與同事之間，如果因為工作中一點小事引起誤會，直至互相產生很深的成見，相互拆臺、互不買賬，這樣做肯定會對工作造成不必要的影響。如果不能及時協調，使誤會越來越深，就可能在實際工作中造成嚴重的無法挽回的後果。我們要學會以積極的態度處理好與同事之間的微妙關係，淡化成見，重獲同心，儘量消除誤解，這樣，工作起來會事半功倍，效率會大大提高，以輕鬆的心情工作，那麼，生活也會因此而充滿陽光。

同事之間，以和為貴

每個處於工作中的人，每天肯定都要面對很多錯綜複雜的人際關係！要完成上級下達的任務，又要去給下屬布置工作，還有可能經常與客戶打交道……在這憂煩複雜的人際關係中，彼此之間免不了會有各種各樣雞毛蒜皮的事情發生，各人的性格、脾氣稟性、優點和缺點也暴露得比較明顯，這樣稍有不慎，就會引出各種各樣的矛盾、衝突。那麼，同在一個屋簷下，怎樣才能更好地處理同事之間關係，讓自己經常處於一個良好的工作氛圍中呢？這是每個職場人都急於想知道的。

人際關係的處理是複雜的、互動的、雙方的，需要雙方努力。別人的態度與

行為雖然難以控制，但是我們卻能夠把握我們自己。那麼，從自己做起，與人為善，做好自己的事，就是維護人際關係的關鍵所在。

小紅是一家公司的秘書，是個急性子。一天上午，她打電話到財務室，要幾個公司本年度上半年的財務資料，可是打了好幾個電話，財務那邊都沒有什麼反應。小紅很著急，於是在電話裡對財務室的人喊起來：「你們怎麼老是那麼忙？」濃濃的火藥味卻依然沒有讓財務室的動作加快，任憑小紅急著像熱蟻上鍋，財務室依然是不急不忙。

為什麼會這樣呢？原來，會計孫大姐是公司的元老級人物。有一天，孫大姐急於要用電腦列印一份財務報表，可是財務室裡唯一會電腦的小王請假了。於是便找小紅幫忙。可是小紅卻總是敷衍，一會說自己沒空，一會說自己正忙。孫大姐給小紅打了好多次電話，最後無奈只好找別人解決了。孫大姐心裡對小紅有了成見，於是就有了這次事件的發生。這就是平時敷衍別人的結果。

小紅作為秘書，經常會和財務人員打交道，只有處理好同事關係，才能順利地開展工作。敷衍人家的確很輕鬆，很合算，但是，風水輪流轉，你有初一，人家就會有十五；你今天敷衍人家，人家明天肯定也會敷衍你。所以，工作中不能事事較真，一定要真誠的處理各種人際關係，與人方便，與己方便。

化干戈為玉帛

在日常工作中，難免會需要別人的幫助，而這個人曾與你有某種不和的時候，你該做些什麼？是放棄還是迎難而上呢？想要放棄很容易，但會使你失去一個得力夥伴。所以，你應該做的是如何化敵為友，化干戈為玉帛，使之成為你的朋友。

從前，一個牧場生活著兩戶人家，一家以牧羊為生，養了許多羊，一家是獵戶，靠打獵為生，所以養了許多獵狗。這樣問題就出現了，這些獵狗經常跳過柵欄，襲擊牧羊戶的小羔羊。牧羊戶幾次請獵戶把狗關好，但獵戶都不以為然，口頭上雖然答應了，可沒過幾天，他家的獵狗又跳進牧場橫衝直撞，咬傷了好幾隻小羊。

終於牧羊戶忍無可忍了，就去找鎮上的法官評理。聽了他的控訴，明理的法官說：「我可以處罰那個獵戶，也可以發布法令讓他把狗鎖起來。但這樣一來你就失去了一個朋友，多了一個敵人。你是願意和敵人作鄰居呢？還是和朋友作鄰居？」牧羊人想了想答道：「當然是朋友了。」

於是法官給牧羊戶出了一個主意，既可以保證他的羊群不再受騷擾，而且還可以贏得一個友好的鄰居。一到家，牧羊戶就按法官說的挑選了三隻最可愛的小羔羊，送給獵戶的三個兒子。看到潔白溫順又可愛的小羔羊，孩子們如獲至寶，每天放學都要在院子裡和小羔羊玩耍嬉戲。因為怕獵狗傷害到兒子們的小羔羊，獵戶就做了個大鐵籠，把狗結結實實地鎖了起來。從此，牧場主的羊群再也沒有受到騷擾。

獵戶因為牧羊戶的友好，開始送各種野味給他以作為回謝，牧羊戶也不時用羊乳酪回贈獵戶，漸漸地兩人成了好朋友。

其實同事之間也是如此。同事之間由於經歷、立場等方面的差異，對同一個問題，往往會產生不同的看法，引起一些爭論，一不小心就容易傷和氣，如果在這些小事上不能正確對待，就容易形成溝壑，從而影響到工作和生活。但是，同事之間有了矛盾並不可怕，同事之間也最容易產生利益衝突。只要自己能夠擺正心態，嘗試著拋開往日的成見，積極採取措施去化解矛盾，同事之間仍會和好如初，甚至比以前的關係更好。而且和諧的同事關係讓你的工作和生活都變得更簡單，更有效率。

智慧品人生

「退一步海闊天空，讓三分風平浪靜。」同事之間經常會出現一些摩擦，如果不及時妥善處理，就會發展成大矛盾。俗話說：冤家宜解不宜結。當問題出現時，我們不妨從自身找找原因，放下成見，化敵為友，避免矛盾的激化。和諧的同事關係對我們有百利而無一害，與同事和睦相處，你在別人心中的分量也會上一個臺階。你工作起來就會得心應手，會成為一名優秀的領導，一名優秀的員工，事業成功的機遇就多！如果同事間關係處理不好，有可能會給你平添許多麻煩和困惑，工作不能順利展開，甚至把自己搞成辦公室鬱悶的「炸藥包」。所以人際關係的和諧不僅僅是一種生存的需要，更是工作上、生活上的需要。

7．學會淘汰自己

與其被淘汰，不如自我更新。

——周穎南

在這個「物競天擇，適者生存」的社會，我們要想生存，要想在這個社會立足，就要有自己的立足之本。

企業中流行著這樣一句話：要想成為行業的龍頭，就要學會不斷地淘汰自己的產品。一家企業要在市場中總是占據主導地位，那麼就要做到第一個開發出新一代產品，第一個淘汰自己現有的產品。美國的太陽微系統公司就是一家以不斷淘汰自己產品和不斷創新取勝的公司。它的成功在於不斷創造新產品，及時淘汰老產品，使成功的新產品儘快進入市場，使之形成新的市場和產品標準，從而掌握製定遊戲規則的權利，正是這為他贏得了廣闊的發展空間。在這個競爭異常激烈的社會裡，淘汰自己的產品是不可避免的。與其讓別人迫使你的產品淘汰，還不如自己淘汰自己的產品。而這種法則的優勢是可以審時度勢，在競爭中占據主動。做人亦是如此。

想要不被社會淘汰，就要先學會淘汰自己。用「淘汰自己」的精神去學習。每天逼自己做一點困難的事情，也就是「每天淘汰你自己」，即把前一天的自己放棄掉，然後把新的元素填滿自己的人生。不斷地進步，不斷地超越。

每天淘汰自己，淘汰昨天的自己，把握今天，為明天創造成功的元素，把一天當做一生。

淘汰自滿，以求完善

在美國NBA職業籃球隊中，我們最熟悉的就是籃球飛人——喬丹。喬丹之所以能夠獲得如此的成績，是因為其教練的一句話，正是這句話改變了他的一生。

當時，喬丹還是個不太知名的普通球員。在取得一場比賽勝利後，喬丹和同伴們沾沾自喜地暢說勝利的過程，而教練卻未露出過多的勝利的笑容。他把喬丹叫到一旁，並沒有像喬丹想像中的那樣誇獎他，反而對喬丹進行了很嚴厲的批

評。其中的一句話使喬丹永銘於心：「你是一個優秀的隊員，可今天的比賽場上，你發揮得極差，完全沒有突破，你離我想像中的喬丹還差很遠。你要想在美國籃球隊一鳴驚人，必須時刻記住——要學會自我淘汰，淘汰昨天的你，淘汰自我滿足的你，否則你就不會有尋求完善的心……」

喬丹謹記教練的這句話，在不懈地努力下，他的球技得到了迅速地提高，終於進了芝加哥公牛隊。後來成為全美國乃至全世界家喻戶曉的「飛人喬丹」。喬丹的成功，正是因為他不斷地進行自我淘汰，不斷地淘汰自身的不完美，走向輝煌。

「每天淘汰自己，不斷地自我更新，自我挑戰」，曾為世界首富的比爾．蓋茲就是靠這樣的精神與信念獲得了今天的成就。他不會因為世界首富的光環就滿足於現狀，在他的理念中，與其讓競爭對手開發新的作業系統挑戰它或者取代之，不如先自我淘汰，這樣，不但能夠領先市場，主導市場甚至於壟斷市場，同時也讓對手難以跟上。聰明的人會最先掌握這種通向成功的有力法寶，明智地與時俱進，做行業的主流。

失敗不是成功的最大敵人，自滿才是。對於稱讚自己的人，要視作鼓勵自己的人。但是這並不等於自己就像所鼓勵的話一樣，可以得到一百分，得到成功。自滿的人的路是短的，因為當別人還在繼續向前跑的時候，他卻以為已經到達終點了，完全不知道自己已經被拋在後面了。所以，我們要做的，也是最不容易做到的，就是狠心地把自滿淘汰，把沉浸在昔日輝煌成就中的心淘汰掉，不斷地為自己充電，使自己能夠有足夠的資本可以再造輝煌。

所以，當你沉淪於花天酒地、安於現狀的時候，請不要忘乎所以，要時刻提醒自己，歷史的腳步不會因為你的稍停片刻而停下腳步等你跟上。它正在一秒一秒的從你的身邊悄然離去。在現如今的社會，不是自己淘汰自己，就是被別人淘汰，這就是職場「進化論」。這也是職場唯一生存的法則定理。

精益求精，完善自我的存在價值。成功總是垂青於有準備的人。永遠不要相信自己已經是第一，已經無敵。這個世界上沒有永遠的第一，你只有不斷地完善自己，才能擁有屬於自己的成就，成為自己心中的第一。

淘汰自卑，走向成功

在美國一家石油勘探所有這樣一個青年，他在大學畢業後工作了兩三年就有了不凡的成就。有一次，他聽說公司要舉辦一次提高效率的培訓課程。要讓包括他在內的幾個人選公開競選，做開課演講及負責這個培訓課程。知道這個消息後，他頗受啟發和鼓舞，心情為之振奮。公司的很多高職人員都想要得到這份美差，因為通過這份差事可以讓公司更好地認識自己，瞭解自己的能力和水準，這是以後晉升與發展的絕佳機會。回到家中之後，他即興寫了一篇演講稿：「所有的成功者之所以會有那樣的成就，是因為他們掌握了成功的第一要訣——自信。儘管他們的出身、學歷、境遇、職業和個性等等各不相同，但有一點是共同的——一定要自信！」

可是，這樣的狀態並沒有維持多久，他又變得情緒低落了。他想，另外幾個人選，都比他的學歷高，不是博士就是碩士，只有他一個人是大學學歷，怎麼可能會選上他呢？因此，他終日無精打采，情緒低落，而且還影響到了手頭上的工作……

不用評選，結果不是已經一目了然了嗎？

是的，想要成功就必須學會淘汰自己。可是故事中的青年淘汰的對象錯了，他把人最可貴的自信給淘汰了。留下了本該淘汰的自卑。由於他的自卑，致使自己沒能把握住這次機會。如果這樣下去，他永遠都不會有晉升的機會。誠然，沒有比較就沒有進步，但是比較並不是最終的目的，最重要的是我們要善於從比較中，發現自己的劣勢，試著去「淘汰舊思想」「淘汰自己的自卑感」，淘汰一些舊的東西，只有這樣才能以全新的面目、真正的自我去工作，贏得本可能屬於自己的成功。

學會淘汰自己，是要你放下無謂的堅持，這樣只會消磨你的意志，終究會迷失自己。學會淘汰自己，並不是要否定自己的成就，而是要你去積攢更強大的力量去贏得更大的成就。

智慧品人生

要想做到不被社會淘汰，你就必須用「淘汰自己」的精神去學習。當你的思想已經處於飽和狀態，那麼就只有淘汰掉一些不好的、消極的元素後，才有空間去填充新的東西。學會淘汰，就是要學會淘汰成長的羈絆；學會淘汰，就是要學會淘汰自豪時的自滿；學會淘汰，就是要學會放棄無知時的愚昧；學會淘汰，就是要學會淘汰人性中的自私與無知。每天淘汰自己，再不斷為自己充電，完善自己，這樣不斷地自我更新，才能在穩定中求發展，減少被別人淘汰的機會。

第四章

官場浮沉，博弈於取捨之間

在官場中如果不懂得捨得，不能以捨為得，那麼你就只能懷才不遇，壯志難酬。

一個人生活在世上，想做一番事業，必須要有所選擇，官場中講的「有所不為，才能有所為」、「退一步海闊天空」，這些先人的切身體驗總結起來就是捨得。

1・放下架子天地寬

不要以為你有九龍花椒那麼大的官，就要擺出九龍犛牛那麼大的架子！

——九龍

說起來真是什麼「架子」都有，如：名人有名人的「架子」，富人有富人的「架子」，學者有學者的「架子」，甚至一些特殊的行業也各有其不同的「架子」。而在這些「架子」中，其影響最大、最受人尊崇的當屬「官架子」了。

官場文章做起來是不分國界的，也是不分時代的。為官者大都有：行為舉止擺官架子，說話打官腔，處處都要顯示自己是個「官」，凌駕於老百姓之上。那些熱衷於擺架子的人，總是希望別人對之敬畏三分，別人捧著、哄著他。於是，迎來送往，官場「架子」就多了起來，鬧得其他領導幹部也難得有讀書的閒暇。也正是因為有這樣的官架子，才有了很多的貪汙受賄的機會，才有了更多的犯罪機會，他的路子也就越走越窄。若想擁有天地寬的境界，唯一的一點就是放下

「架子」。

正確對待自己的「架子」

孟子在齊宣王的朝堂裡當了幾年的清客，有了一些名氣。後來孟子在離開齊國的途中，有一個齊國的大夫，為了能留住孟子，沐浴齋戒，對他十分友好，他卻對人家毫無禮貌，靠著桌子打起瞌睡來，擺足了架子，最後還說，朝廷若要重用他，就要國君把他當做老師，再派兩三個有學問的人伺候他。這就是我們所敬仰的孟老，他就是如此給自己訂做了一個大架子。

當然，孟子是一個堪當重任的人，他所謂的「天將降大任於斯人也，必先苦其心志、勞其筋骨……」說明要成長為一個能大有作為的人，必須接受來自生活各方面的艱苦磨練。官架子是人的心理問題，是每一個人都不可避免的，擺架子是一種希望自己被他人尊重稱讚而得到的滿足感，是種欲望，如果自身能夠正確對待，發揮在追求上進、探求未知世界等方面，那是值得所有人崇敬和羨慕的事。

官架子如紙老虎

俗話說：「牛大馬大值錢，人架子大了不值錢。」人們瞧不起逞威風、擺架子的人。那些犯「官癮」的人，以他們的「架子」拉大了黨、政府和人民群眾的距離，疏遠了黨群關係，堵塞了黨和政府「納諫」的言路，他們長此以往只會成為眾人唾棄的孤家寡人。事實上，現今我們的某些官員又何嘗不是時時刻刻在擺「官架子」呢？外出視察，或下基層，總是轎車一台接著一台，前呼後擁，做足了表面文章，逞足了威風。

亞伯拉罕・林肯是美國第十六任總統，領導了拯救聯邦和結束奴隸制度的偉大鬥爭。儘管他只有在邊疆受過一點初級教育，擔任公職的經驗也很少，然而，他那敏銳的洞察力和深厚的人道主義意識，使他成了美國歷史上最偉大的總統之一。

一八六〇年，林肯作為共和黨的候選人，參加了總統競選。他的對手是民主黨人道格拉斯，道格拉斯是個出了名的大富翁。在美國，競選取勝是靠燒錢得來的，按理說，勝出的應該是道格拉斯，但是他卻失敗了。失敗的原因是他在演講過程中逞威風、擺架子，做足了官場文章。道格拉斯租用了漂亮的競選列車，在車後安上一尊大炮，每到一地鳴炮三十二響，加上樂隊奏樂，聲勢之大蓋過歷屆的所有競選活動。道格拉斯狂傲地宣稱：「我要讓林肯這個鄉巴佬聞聞我的貴族氣味！」

林肯這樣接受著挑戰，他沒有專列，而是買票乘車去各地。到演講場所，他乘的是朋友為他準備的農用的馬拉的車。他發表了感人至深的演講：「有人問我有多少財產。我有一位妻子和三個兒子，都是無價之寶。此外租有一個辦公室，室內有桌子一張，椅子三把，牆角有個大書架，架上的書值得每人一讀。我既窮又瘦，臉蛋很長，不會發福。我實在沒有什麼可依靠的，唯一可依靠的就是你們。」

官場中歷來流行擺架子、比排場。社會發展到現在，有那麼一些官員，因受封建「官念」的影響太深，仍以人民的「父母官」自居。臺上拿腔作調講「官話」，而台下則扭捏作態邁「官步」，有的則人車未到電話先行，每到一地興師

動眾，前呼後擁，煞是熱鬧。但如今這個時代，再去做官樣文章，再去顯擺自己，只會讓自己的官路更接近終點。應該學學林肯，因為你的威信不是靠做官場文章和顯擺自己得來的，而是「依靠」人民群眾得來的。人人心裡都有一桿秤，這秤來自老百姓。

智慧品人生

「擺架子」是等級觀念的反映，是舊社會的官場習氣。但是，權威不是與權力大小或掌權者的官架子大小成正比的。領導權威大小取決於領導者在被領導者心目中的認可度、接受度。如果群眾不認可，不接受，你地位再高，權力再大，也不可能有權威。相反，還會被群眾所拋棄。所以，要在官場中長期的生存，得到人民人認可，還是要放下你的架子，放下架子你的天地會更寬闊。

2．「出世」和「入世」，心態決定成敗

那些相信自己能「移山」的人一定會成功，是信心激發了他成功的原動力；而那些相信自己不能的人，就只能做到他們所相信的程度。——大衛．史華茲

市場經濟的迅猛發展雖然促進了國民物質利益的豐富，但同時也導致了國民精神中原有的價值觀念與信仰體系的解體，人們開始從過去的一體化的價值觀和信仰中分離出來，一時不免顯得有點迷亂，於是人們各自渴望尋找適合於自己棲居的精神家園。說到底這就是一個心態問題，不要總認為「瘦死的駱駝比馬大」。人們常說：「為官一時，做人一世。」其實，無論做人還是為官，都要擺正心態，保持平和之心。居廟堂之高而不傲，居村野之閑而不卑，於官場濁流中尋找內心的一絲清泉，於滾滾紅塵中享受無欲的快活和寧靜的幸福。

播下一種心態，收穫一種思想

無論是做任何一件事情，人的心態很重要，特別是在風雲多變的官場裡。眾所周知，事物都是雙面性的，問題就在於當事人用怎樣的心態去對待它們。同樣的事，不同的人就會有不同的觀點，結果可能是相差甚遠。也許有的人成功了，而有的人卻一敗塗地，有的人喜而有的人憂。從不同的心態去考慮同一樣事情，人的心態不同，處理事情的方法不同，所做事情的效果就大相徑庭。

曾有這樣一個故事，有一位國王，一天他做了一個夢，夢見山倒了，水枯了，花也謝了。他一直想不通這是怎樣的一個預兆，非常的苦惱。於是，便叫來日夜守在後宮的王后給他解夢。王后聽完後很恐懼的說：「大王，大勢不好了。你夢見山倒了，那不就是指江山要倒了嗎？水枯了指民眾離心，人們常說，百姓是水，君是舟，水枯了，舟也不能行了；花謝了指好景不長了。大勢不好啊。」國王聽後驚出一身冷汗，從此患病，且愈來愈重。一位大臣要參見國王，國王在病榻上說出他的心事，同樣也給大臣講了他做的那一個夢，並把王后的分析講給他聽，哪知大臣一聽，大笑說：「太好了，山倒了指從此天下太平；水枯指真龍現身，國王，你是真天子；花謝了，花謝見果子呀！」國王聽後全身輕鬆，病很快痊癒。

對待同樣一件事物，如果我們不看消極的一面，只取積極的一面，那這就是積極健康的心態；美國成功學學者拿破崙．希爾關於心態的意義說過這樣一段話：「人與人之間只有很小的差異，但是這種很小的差異卻造成了巨大的差異！很小的差異就是所具備的心態是積極的還是消極的，巨大的差異就是成功和失敗。」是的，一個人面對失敗所持的心態往往決定他一生的命運。一位偉人說：「要麼你去駕馭生命，要麼生命駕馭你。你的心態決定誰是坐騎，誰是騎手。」說的就是這個道理。

心態決定成敗

人們常說：「人在江湖身不由己」，同樣，也有人說「人在官場身不由己」。雖然多數人是抱著為官一任，造福一方的心理。但是有一些人的心態卻是

官越大越好，權越重越好，錢越多越好。未做官時就像是在平地上，一旦進入官道，就像身上拴了無數個氣球，一個個地吹，越吹越大，官位節節上升，吹大的氣球越多，官位就越高，權力就越重，金錢就越多。然而，隨著高度的不斷上升，氣壓越來越低，膨脹到一定的程度，氣球就會爆破，官也就會從天下落到地面，甚至摔到地下。其實，這就是人的心態問題了，人總是「貪」字當頭，這也直接地決定了他的沉與浮。另外，心態在很大程度上決定了我們人生的成敗：我們以什麼樣的心態對待生活，生活就怎樣對待我們。我們以什麼樣的心態對待別人，別人就怎樣對待我們。在著手完成一項任務時，我們開始抱有什麼樣的心態，便決定了我們最後有多大的成功。

「漢堡包王」雷．克洛，他從一出生，命運就一直在跟他開玩笑。但是，他成功了，他的心態，他的熱情，造就了他的成功。按理說，讀完中學就該上大學，可是一九三一年的美國經濟大蕭條使他陷入貧困而和大學無緣。後來他想在房地產上有所作為，好不容易才打開局面，不料第二次世界大戰烽煙四起，房價急轉直下，結果是「竹籃打水一場空」。為了謀生，他到處求職，曾做過急救車司機、鋼琴演奏員和攪拌器推銷員。就這樣，幾十年來低谷、逆境和不幸伴隨著雷·克洛，命運一直在捉弄他。然而，雷·克洛屢遭挫折後，其熱情依舊高漲，執著追求。一九五五年，在外面闖蕩了半輩子的他回到老家，賣掉家裡少得可憐的一份產業做生意。這時，雷·克洛發現迪克·麥當勞和邁克·麥當勞開辦的汽車餐廳生意十分紅火。經過一段時間的觀察，他確認這種行業很有發展前途。當時雷·克洛已經五十二歲了，對於多數人來說這正是準備退休的年齡，可是他卻決心從頭做起，到這家餐廳打工，學做漢堡包。麥氏兄弟的餐廳轉讓時他毫不猶豫地借債兩百七十萬美元將其買下。經過幾十年的苦心經營，麥當勞現在已經成為全球最大的以漢堡包為主食的速食公司，擁有一萬多家連鎖店。據統計，全世界每天光顧麥當勞的人至少有一千八百萬，年收入高達4·3億美元。

現實中做人做事也是很難把握的，要善用你的天賦，每個人是自己命運的主人，積極的心態使你充滿力量，去獲得財富、成功、幸福和健康，攀登到人生的頂峰；而消極的心態卻把一切讓你的生活有意義的東西剝奪得一乾二淨，在人生的整個航程中處於「暈船」的狀態，對將來總感到失望。世上的事，只有更好，

沒有最好。當然，老老實實做人，踏踏實實做官，誠誠實實為民辦事，才是最穩當的。

智慧品人生

在今天的生活中，我們提倡的是構建「和諧」社會。人類要建立和諧社會，不僅要追求與大自然的和諧、人與人的和諧，還要追求人與自身的和諧。特別是對於個體的人來說，現實中有許許多多的誘惑與矛盾需要靠人們自身的心靈去調適、去安妥。人必須要有一個能產生和諧的「心靈源」，要能在萬象繁複的矛盾衝突中尋求「寧靜」與「平和」，以期達到與宇宙萬物及自身的「融合」狀態。

進退流轉是官場生活的常態。進則喜，退則憂，也是人之常情。鄉下人的幸福感比城市人高些，為什麼物質條件不能與幸福感成正比，這都是心態在起作用。但是人要學會調節、學會想開。因為總有你退的時候，不會總是風光無限。如果因此而產生情緒，甚至把情緒帶到工作中去，這樣將會失去同事對你應有的理解和尊重。還不如好好調整心態，來個官場的完美收官。

3．才華顯露，適可而止

> 鋒芒畢露，為當權者所嫉，亦為同事所嫉，前者擔心有人爭權，後者出於嫉妒。
>
> ——曾國藩

俗話說：「槍打出頭鳥」、「人怕出名豬怕肥」，無非是想告訴人們，作為一個有才華的人，尤其是一個才華橫溢的人，在為人處事時，不能太顯露自己的鋒芒。那有人就會問，生活在這個社會，不去顯露自己的才華，怎麼會得到他人的重用，又怎麼去成就自己的事業呢？這裡所說的不是讓人一點不顯露自己的才華，而是露才一定要適時、適當。一個人如果時時處處才華畢現就會招人嫉恨而受到打擊和陷害，要知道當你在施展自己的才華時，也在埋下危機的種子。真正的智者明白龍蛇屈伸之道，懂得掌握顯露才華的尺度，該顯則顯，該收則收，才華顯露要適可而止，明則成就事業，暗則保身。

鋒芒畢露，禍事多

在電視劇裡、官場裡我們不難見到這樣一些人：不管做什麼事，總想表現自己，讓所有的人都知道他很有才，很聰明，喜歡對他人做的事提自己的意見，他們或許才華橫溢，但他們往往都不是官場的成功者，甚至還沒有平庸之輩混得好，究其原因，過分顯露自己一則會遭人嫉妒，二則不能融於團體，與他人搞好關係，可想誰會喜歡和一個滿身銳氣的人共事，三則讓他人有危機感，認為你有搶功之嫌，結合這幾點，過於鋒芒畢露的人，終不會是一個成功的人。

縱觀古今中外，有幾個鋒芒太露的人是成功人士，有的還因鋒芒畢露而惹禍上身，甚至為之而丟掉性命。

李廣，一生與匈奴大戰七十多次，是漢朝的一位令匈奴聞名喪膽的大將，為國家立下汗馬功勞，可就是這樣一位建立了豐功偉績的人最後卻以自刎結束了自己的生命。追根究底，他的死離不開他才華的鋒芒畢露和功成名就後的藏拙露鋒。眾所周知，楊修為曹操主簿，博學能文，才思過人，但他的一身才華還沒有用到真正的地方時就被一代奸雄曹操給殺害了。究其原因也是他在不適當的時候讓自己的才華過於暴露，不懂得適時藏鋒。

有才華有鋒芒本是好事，是人成就大業的基礎，但縱觀所有鋒芒畢露的有才華的人，總是一副趾高氣揚、不可一世的傲相，做事爭先，行事高調，喜歡把自己的聰明外露，更易為點小功而驕傲。但要知道，一束帶刺的花縱使讓人喜歡，但更會讓人為之遠離，所謂物極必反，鋒芒可以刺傷別人，也會刺傷自己。鋒芒畢露者容易遭人嫉妒，容易讓領導很沒有面子，自己大意時，更容易將自己的缺點與劣勢暴露給對手，這樣，被惡人穿小鞋就在所難免了。

成功的大智者懂得藏鋒露拙，待時而動，自己的才華與鋒芒平時都含而不露，當需要時，適時地顯露自己的才華，成就一番大事，在成功後懂得急流勇退，捨得功名利祿。所謂「花要半開，酒要半醉」，當你志得意滿時，且不可趾高氣揚、目空一切、不可一世，要戰勝盲目驕傲自大的病態心理，凡事不要太張狂、太咄咄逼人，讓才華含而不露，適可而止，有所節制，在有效地保護自我後，又能充分發揮自己的才華，這便是瀟灑走官場的一條重要原則。

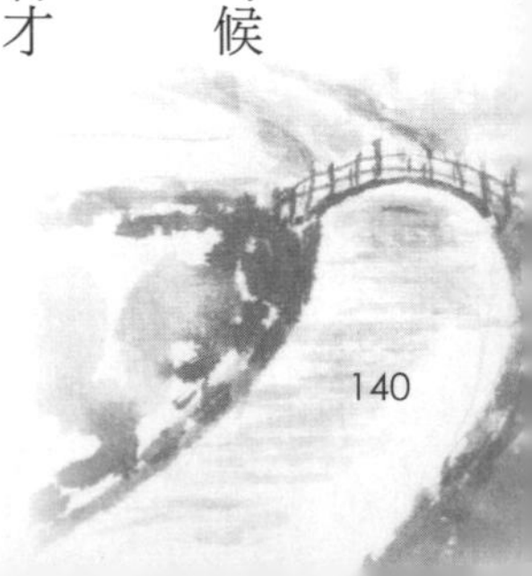

有志於做大事業並有才華的人就應該該裝糊塗時一定要裝糊塗，過分外露自己的才華只會導致自己的失敗。

收斂鋒芒，大智慧

諸葛亮，在輔佐劉備創業時可謂是鋒芒畢露，盡顯自己滿腹經綸和才華，為劉備描繪出三分天下而有其一的藍圖。可讀過《三國演義》的人都知道，在劉備死後，諸葛亮就不像以前那樣運籌帷幄，盡顯鋒芒了。我們知道，劉備死後，阿斗繼位，但阿斗卻不像他父親那樣有才智，其懦弱無能不思振作。按理說，這時的諸葛亮不是要更加發揮自己的才智，待在新主身邊輔佐他嗎？但他卻將鋒芒大為收斂，故顯自己老而無用，這其中的韜晦之計，收斂鋒芒就是諸葛亮的大智慧了。

劉備曾當著劉禪的面對諸葛亮說：「如果這小子可以輔助，就好好扶助他；如果他不是當君主的材料，你就自立為君算了。」諸葛亮一聽便知其意，頓時冒了虛汗，手足無措，哭著跪拜於地說：「臣怎麼能不竭盡全力，盡忠貞之節，一直到死而不鬆懈呢？」直叩得頭流血。可想，諸葛亮的功勞再大，劉備也不可能把國家讓給他，他說讓諸葛亮為君，只是要試試他，怎知沒有殺他的心思呢？諸葛亮當然明白，從此就行事謹慎，鞠躬盡瘁，收斂鋒芒，以免禍及自身。

這就是官場智者的大智慧，懂得何時顯露，何時收斂，顯露時大顯身手，收斂時保身保命。每個人的人生路都不會是一帆風順的，也不可能一輩子春風得意，在你人生高潮時，不能大意，要能預防將來可能遭到的禍害，而在人生失意的時候，更要收斂鋒芒，免得落個身敗名裂的結果。

官場，是一個天然的獵場，更是一個弱肉強食，黨同伐異的地方，擁有才智和能力對於一個進入職場的人是很重要的，但才華有時也能毀掉一個人的事業和前程。一個太擅辭令，有滔滔雄辯才華的人，如果在不適當的場合不懂收斂，他將面臨失敗的危險。

蕭何計誅韓信後，劉邦對他更加恩寵，除對蕭何加封外，還派了一名都尉率五百名兵士作相國的護衛，很多人都來祝賀，蕭何自己也非常高興。這天，蕭何在府中擺酒席慶賀，喜氣洋洋。朝中大臣見蕭相國如此受高祖寵信，紛紛前往蕭

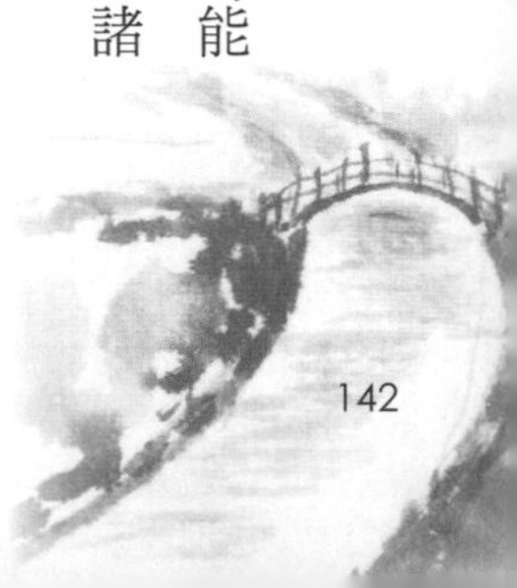

何府上祝賀。唯有一個名叫召平的人，卻身著素衣白履，昂然進來弔喪。蕭何見狀大怒道：「你喝醉了嗎？」召平對蕭何說：「公將大禍臨頭矣。皇上在外餐風露宿，而您長年留守在京城，您既沒有什麼汗馬功勞，又沒有什麼特殊的勳績，皇上既增加公之封邑，又為公設置警衛，這看似是對您的寵愛，實際上是皇上在監視您、防範您。您不見淮陰侯韓信的下場嗎？願公上書辭讓封邑和警衛，並將家中私財悉數捐出以佐軍資，以解除皇上心中疑忌。」蕭何一聽，恍然大悟，深以為然，立即採納了他的建議。第二天早晨，蕭何便急匆匆入朝面聖，力辭封邑，並拿出許多家財，撥入國庫，移作軍需。劉邦見此，果然消除了對蕭何的懷疑，更加獎勵有加。蕭何的明則收斂，暗則保身的智慧實屬官場上典範。

總之，無論在哪裡，有什麼官職，做人做事都不能鋒芒畢露，因為人人都有虛榮心，尤其是對於新人，剛進一個單位，就像一粒石子投入一潭平靜的池水，往往會引人注目，一舉一動，一言一行，都在別人的視野之中。當別人看到你的才華時，為了保護自己的地位不受到侵犯，就必定會針對你，處處與你作對，阻礙你前進。

智慧品人生

現實就是這樣，如果你不懂得毛遂自薦，不露鋒芒，你將永無出頭之日，可如果你鋒芒太露，又會招人陷害，在自己施展才華時，為以後埋下禍根。但真正的智者卻能在顯露才華後，保身立命，還能受到他人的尊敬和愛戴，這其中的大道理就在於他們懂得顯露才華適可而止。所謂「花要半開，酒要半醉」，就是鮮花盛開的時候，即使不是立即被人採摘而去，也是衰敗的開始。

在官場上，即使你有非常出眾的才智，也一定要謹記：不要把自己看得太了不起，不要把自己看得太重要，不要把自己看成是救國濟民的聖人君子，要知道天外有天，人們都是喜歡競爭的，該收斂時就收斂，切勿光芒晃人眼，最後害了自己。

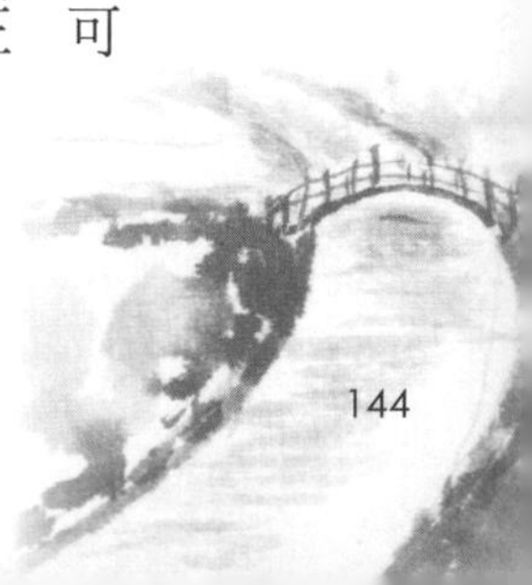

4・適時退讓，加快前進

進則安居以行其志，退則安居以修其所未能，則進亦有為，退亦有為也。
——張養浩

用兵有言，吾不敢為主而為客，不敢進寸而退尺。其實就是告訴人們，人不能只鑽牛角尖，如果常常一條道跑到黑，還自以為是，不懂得妥協，做事不留餘地，那不是勇猛，而是一種偏執自負的妄念，其結果只能把自己逼進死胡同。俗話說：「柔能克剛，滴水穿石」，讓步其實只是暫時的退卻，是為了進一寸而必須先做出退一尺的忍讓，是為了避免吃大虧而吃的小虧。

適時而退是一種智慧，更是一種謀略。前面的世界固然寬闊但充滿紛爭，所以在人生無法前進時，要懂得回頭、退讓，為自己找退身的餘地。人們常說大丈夫能屈能伸，我們要想成就一件事情，很多時候是需要匍匐前進的。

主動退讓是一種變相的前進

人們常說：「人往高處走，水往低處流。」人不管做什麼事，總是在要求自己只能進步，而不能後退，這樣的理念就使一些人，不顧一切地拼命向前衝，永不疲倦。他們對自己的能力、學識充滿自信，他們風雨兼程、永不停息地往前趕，認為只有這樣才是一種「進」，才能事業有成，取得勝利；即使在人生不如意，遇到困難時，他們的信念還是前進、前進，但卻不知道有時候也要「停下來」或者「退幾步」，看看自己走的路是否正確，是否直。其實，適時地退讓，也是一種智慧，是為了讓自己更好地前進。

常言道：「忍一時風平浪靜，退一步海闊天空。」退步並不是一種懦弱的表現，不是認輸的昭示，而是一種睿智，它是為了更好的積蓄力量為前進作準備，適時退步能讓人冷靜下來思考問題，暫時地休養生息，暫時的忍讓退卻更能使我們快速地駛往人生成功的道路。

就像兩個拳師對打，一個霸氣逼人，揮拳猛擊，而另一個卻以退守為主，一

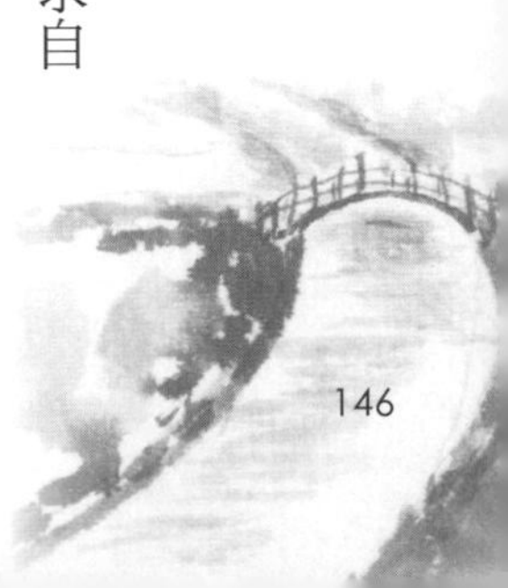

味讓之。在對方一陣猛攻猛打後體力不支時，退者則看準機會，一拳擊敗對方。就像形成海嘯之前的海浪，它們所做的通常也是先後退，但它不是為了退而退，而是為了積蓄更大前進的動力，逐漸由小波浪積蓄成中波浪到大波浪，終於形成這一股可怕的前進動力。

一位電腦博士，畢業後在當地找工作，因為沒有工作經驗，面試的幾家公司都沒有錄用他，他想了想，決定收起自己所有的學位證書，以最低的身分去找工作。

他先找到一份程式輸入員的工作，這對於他來說真的是大材小用，但他沒有一點意見，依然一絲不苟的工作。不久，老闆發現他能看出程式中的錯誤，於是他就拿出自己的本科畢業證，老闆就把他調到技能更高的與大學生一樣的崗位上。沒過多長時間，老闆又發現他能提出許多獨到的並且很有見解的建議，這時他又拿出碩士證，老闆不想屈才，就把他調到更高的崗位。又過了不久，老闆就看出他不簡單，就問他，此時他才拿出博士證，而老闆對他的才能從最低到最高有了全面的認識，就毫不猶豫地重用了他。

這種以退為進，由低到高的前進方式，實在是絕妙。退是為了給自己找機會，在前進無路，不能前進時，為何不退一下，另找路徑，或繞個圈子繼續前進呢？如果一味地向前橫衝直撞，不僅事情辦不成，還會導致意想不到的惡果。

退一步，是為了進兩步，以退為進，此乃上策。如果自知自己的實力不足，那就要避開對方的鋒芒，採取忍讓的策略，養精蓄銳壯大實力，等待時機再和對方周旋。所以無論在做什麼事時，遇到困難時，以退為進是最好的方法，退後的人也同樣會收穫到前進的成果，待到關鍵時刻，再勇往直前，你將會收穫更多！

退，一種闊達的心態

在生命旅程中，人人都想出人頭地，出類拔萃，但生活是現實的，人生中很多東西都不是我們所能控制的，所以要有一顆豁達的心，懂得退一步看人生的得與失，在你後退一步的時候，說不定眼前就會有另一種風景。

人不僅要有「進」的勇氣和實力，也要有「退」的大度和智慧。有時候，不刻意追求反而更容易得到，追求得太迫切、太執著反而只能白白增添煩惱，讓到

手的幸福輕易溜走。就如鋪在地面上的兩個石板，它們之間就要留有一定的空隙，不要小看這一條細細的縫，如果沒有它的存在，兩塊石板就不能安然相處。就像跳高運動員在起跳前，都會退到離跳高架很遠的地方，鼓足力氣加大衝力，成功的希望就會更大。就像農夫插秧，「手把青秧插滿田，低頭便見水中天。心中清靜方為道，退步原來是向前」，一邊插秧一邊低頭後退，如果是往前走，只會踏倒稻秧，而無法插秧了。

我們生活中的每一件事，不可能讓人全都滿意，在遇到一些挫折的時候，不妨停下來，不妨後退一步，看看自己以前走過的路，退一步看人生的不順和挫折，退一步看人生的功名利祿，尋找一種海闊天空的人生境界，你會發現人生照樣美好，天空依然晴朗，世界仍是那麼美麗。

所以當你因一件小事而變得鬱鬱寡歡的時候，當你的心因小小的矛盾而變得動盪不安的時候，何不忍一忍，往後退幾步，那麼你的心情會很快變得風平浪靜，眼前的海闊了，天也空了，這樣不是讓你更能「前進」嗎？難道非要在波濤洶湧時沖過去不可？退不代表是畏縮和妥協，「退幾步」能增進人與人之間的感情，「退幾步」能讓你擁有更豁達的心境，只要你懂得退的智慧，你將前進得更快，更順利。

退，是一種練達的生活態度，也是進的必需選擇。

智慧品人生

退一步海闊天空的道理誰都懂，但不知有幾人能真正做到這一點？自古以來，人的進退，本來就是件不容易弄明白、不容易處理的事，人人都知道努力的進，但卻忘記了「進」的同時還需要「退」做鋪墊。因為人們嚮往著高官厚祿，幸福榮華，所以就拼命地前進，而在碰得頭破血流的時候也不知道後退一步。其實，在「退」上欠火候時，就會使你一生功績毀於一旦，身敗名裂，遺恨終生！

人生不僅要「退」還要退得主動，退得有條不紊，身退而心不能退。不能被眼前的困難擊倒，退後而一蹶不振，而是把每一步後退當成人生成長的契機，當成天降大任前的歷練。靜心反省，苦練內功，積蓄力量，為下一次前進創造條件。

5．糊塗中顯大智慧

人不會裝糊塗，就不懂如何生活；裝糊塗既是盾，刀槍不入；又是箭，什麼盾也擋不住。

——阿雷蒂諾【法】

人生難得糊塗，貴在糊塗，樂在糊塗。古今中外，立身處世，是離不開聰明和智慧的，但聰明與智慧有時卻是要通過「糊塗」來體現的。鄭板橋說：「聰明難，糊塗難，由聰明轉入糊塗更難。」人的聰明有大小之分，糊塗有真假之分，人們常說一個人小聰明大糊塗是真糊塗假智慧，而大聰明小糊塗乃假糊塗真智慧也。的確，人玩小聰明很容易，但想把這大智慧隱藏於糊塗之中就難了，所以說，糊塗是一種智慧，更是一門學問。

聰明、糊塗，智與愚？

每個人都想做一個精明的人，都不願被人稱為老糊塗。一般在我們的印象裡，如果說一個人糊塗，多是指他的腦子不清楚，不明事理，盡說糊塗話，做糊塗事，但我們這裡所說的「糊塗」並不是真的糊塗，而是一種做人的智慧，一種精明的大智慧，一種超越智慧的大境界。

人生就像是個萬花筒，人們在為人處事時要有足夠的聰明智慧來權衡利弊，以防不測，但也要有以靜觀動，守拙若愚的糊塗心態。聰明是天賦的智慧，糊塗是聰明的表現，人貴在能集智與愚於一身，需聰明時便聰明，該糊塗處且糊塗。而在官場上的人更要能大能小，做到該清醒的時候清醒，該糊塗的時候糊塗。如果沒有這種「糊塗」的聰明，不僅會沒有立足之地，寸步難行，而且稍不留神，還會給自己招來殺身之禍。

俗話說：水清無魚，人清無友。說的就是要把目標放在大事上，對那些小事不能太過於「認真」，要能做到糊塗做事，精明做人，這樣才能不成為碌碌無為的平庸者，也不會成為狡猾奸詐的小人，才能在做人做事時如魚得水，左右逢源。

古時候，孔子東游時，感覺腹中饑餓，就對弟子顏回說：「大家肚子都餓

了，前面有家飯館，你去討點飯來吧。」顏回進到飯館，對店家說明，沒想到店家答應了，但有一要求。

顏回忙道：「什麼要求？」

店家說：「我寫一字，你若認識，我就請你們師徒吃飯，若不認識，亂棍打出。」

顏回笑著答：「主人家，雖我不才，可我也跟師傅多年，別說一字，就是一篇文章又有何難？」

店家就拿筆寫一個「真」字讓顏回看。顏回哈哈大笑：「店家，我以為是什麼難認之字，此字我顏回五歲就識，不就是一個認真的『真』字嗎，你們也太欺我顏回無能了」。

可沒想到店主卻讓手下人把顏回趕了出去，還大罵他是無知之徒，敢冒充孔老夫子門生。

顏回委屈地回去向老師說了經過，孔夫子微微一笑，又帶著顏回來到店前，不等說明來意，就見店主把剛才寫的字拿出來，孔老夫子答曰：「此字念『直八』」。但店主卻樂呵呵地把他師徒請進店裡，請他們吃飽喝足。顏回很是不懂，就問：「老師，這字你不是教念『真』嗎，你剛才怎麼說是『直八』？」孔老夫子笑著說：「有時候的事是認不得『真』啊。」

是呀，凡事不能太認真，無關緊要的小事能閉一隻眼就閉一隻眼。其實，糊塗就是指大事精明，小事糊塗，教人捨小利而圖大善。一個人每天都要遇到或多或少或大或小的事情，生活中的矛盾是在所難免的。如果一個人總是為一些小事而過分計較，在乎太多的細節問題，不僅會自尋煩惱，還會讓他人厭煩。作為一個領導者如果能做到「小事糊塗，大事精明」，那麼這位領導就會心胸開闊，不計較個人的得與失，為人慷慨大方，遇到人際紛爭時，能使大矛盾化為小矛盾，使小矛盾化為無矛盾，就可以時時處處有好人緣，還會給人一種可敬可親可愛的感覺，能贏得下屬的好感和信任，從而更有利於自己的工作。

生活中，對於一些原則性的問題，要保持頭腦清醒，毫不含糊，對於其他的該糊塗就糊塗，人生難得糊塗，能夠做到糊塗，也是一種大聰明。

糊塗中的大道理

「難得糊塗」歷來被推崇為高明的處世之道。「糊塗」讓外人看著覺得他很傻，但他心裡卻比誰都精明，可謂是大智若愚。

一家日本公司和一家美國公司的經理在談判。談判桌上，美方經理滔滔不絕地列出各種資料、材料來介紹自己的產品及報價，在長達兩個小時的談判中，日本商人始終一言不發地坐在那裡。最後，美方經理帶著自信的口氣問：「我講完了，你們有什麼想法？」他已做好迎接挑戰與反駁的準備，但沒想到的是日本商人彬彬有禮地說：「我們沒聽懂。」

美方經理呆了：「沒聽懂？你們哪個地方沒聽懂？我再詳細地說。」「你講的全部，你能再講一遍嗎？」日本商人還是彬彬有禮地說。

美方經理的熱情受到了沉重的打擊，在最後的談判中，美方只得在價格上作了讓步。

試想，日本商人真的是沒聽懂嗎？根本不是，就這樣，「聰明」的美國商人輸給了「糊塗」的日本商人。日本商人只不過是利用糊塗來迷惑對方，從而達到成功的目的。

魏明帝時，曹爽和司馬懿同執朝政，剛開始，每有軍國大事，曹爽都不敢獨斷，都和司馬懿商議，後來，曹爽為了擴張自己的勢力，引薦了一些人為心腹，駕空了司馬懿。司馬懿雖然身為太傅，但卻沒有實權，無法與曹爽抗爭，只得假裝生病，以躲避曹爽的鋒芒，等待時機。

但曹爽並沒有放鬆對司馬懿的敵意，一直想找機會除去他。正值李勝升任青州刺史，曹爽便叫他去司馬府辭行，實為探聽虛實。司馬懿當然知道李勝此來的用意，就發不理、衣不著的坐在床上，裝生病。李勝來後，用手拿著衣服準備穿上，但衣服卻掉在地上，下人送上一碗粥，喝粥時司馬懿咧著嘴，粥汁順著嘴角流到胸前。

李勝見後，就裝模作樣地哭道：「只聽人說太傅舊病復發，沒想到病到這般，現在我要調去做青州刺史，特來向太傅辭行。」

司馬懿聽後說：「並州靠近北方，務必要小心啊！」

李勝連忙糾正說：「我是赴任本州，不是並州。」

司馬懿笑著說：「哦，你是從並州來的。」

這時的李勝加大聲說：「是山東的荊州！」司馬懿這才稍稍地明白過來，說：「君還本州做刺史，盛德壯烈，好建功勳，我年老沉疾，危在旦夕，我與你分別以後，恐怕再也見不到面了。」又哭著說：「我都成這樣了，可兩個孩子都不成才，還望你多多照顧。」說完就裝昏過去。

李勝回去給曹爽一說，曹爽大喜，從此便放鬆了對司馬懿的防範，才使司馬懿後來有機會把曹爽及其黨羽統統處斬，掌握了魏朝軍政大權。

這樣的糊塗，這樣的大智若愚，實乃養晦之術。通過裝「糊塗」來設計一個假像，從而掩飾了自己真實的想法、才華、聰明，這種甘為愚鈍、甘當弱者的糊塗實在是大精明，以聰明裝糊塗，其實在心中早有對付對方的策略，靜待時機，在用「糊塗」來迷惑對方時，突然給對方一個措手不及。

智慧品人生

俗話說：「聰明反被聰明誤」。在現實生活中，人若精明，確能占得不少便宜，但太過精明，也必定會讓別人加以防範，讓你寸步難行。但善於「糊塗」的人卻能做人有人緣，做事有事緣，糊里糊塗卻總是笑到最後。所以說，真正聰明的人懂得適時裝糊塗，遇到事情時，就會是一副什麼都不知道，什麼都不清楚的樣子，讓一些事得過且過，在為他人行方便的時候，也讓自己有個好心情、好人緣。

其中，裝糊塗並不難，難就難在怎麼去把握這個度，做到「該糊塗時糊塗，不該糊塗時決不糊塗」做到裝糊塗時他人也看不出。

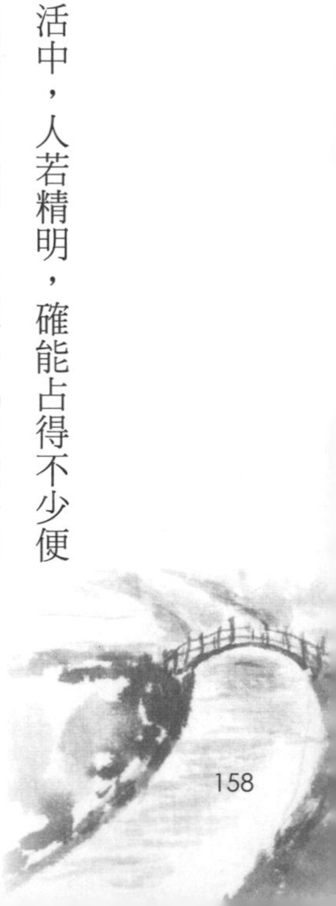

第五章

捨得哲學，成功的黃金法則

人的一生中渴望得到的東西、想要做到的事情太多太多，並且每個人都被七情六欲牽制著，如何走向成功，關鍵還在於一個「捨得」！事實上，成功的人身上最重要的特質莫過於專注而有目標，因為得與失常常發生在一念之間，而機會也就在那一閃念間流失。所以，那些真正明白「捨得」之真諦的人才會抓住成功的契機。

1．拋棄心中的雜念

非淡泊無以明志，非寧靜無以致遠。
——諸葛亮

現在很多人，雖然有時能確立奮鬥目標，但大都不能「拋棄雜念」，所以，三心二意，心猿意馬，不能靜，不能安，不能慮，也就最終不能有所得。而大凡成功者的經驗都有共通之處，其中「心無旁騖，專心做事做人」可以說是成功的先決條件，也可以說是「成功秘笈」。如果我們想要成功，就必須心無雜念，專心致志。

成功，把心靜下來

人生最好的境界是心靜。一個人的能力，唯有在心靜的情況下，才能發揮出最佳水準。安靜，是因為擺脫了外界虛名浮利的誘惑。當然，人是不能只靜不動的，即使能也不可取，否則就如一潭死水。你的身體盡可以在世界上奔波，你的心情盡可以在紅塵中起伏，關鍵在於你的精神中一定要有一個寧靜的核心。蜘蛛織網，織了好久，快要成功了，可一陣風吹來，吹破了網，蜘蛛重新織；第二次蜘蛛又快成功了，可是下雨了，淋壞了網，蜘蛛又從頭織；就這樣一次又一次，蜘蛛堅持不懈，終於織成了一張又大又結實的網。成事者心靜，心靜者成事，古今皆然。

憑著「自考狂人」的稱號，讓人們記住了這個高中畢業一年就開始參加自學考試，創造了全國自考紀錄——一年通過二十三門的杜家遷。杜家遷是江蘇海州人，高考順利考進江蘇一所高校，開始了他的大學生活。然而他卻因為對所學專業不感興趣而對學習呈頹廢狀態。一次偶然的機會他接觸到了自考，發現有些專業是他一直喜愛的，從此就一頭栽進到自考的海洋裡，一發不可收拾。杜家遷心中理想的職業是做個新聞工作者，為了實現夢想，他自考報名的第一個專業便是文學。與普通考生不同的是，除了文學，他還先後報了新聞、法律、廣告、律師、公共關係、行政管理六個專業。令所有人都感到驚奇的是，杜家遷居然能夠同時兼顧這七個專業，在四年時間裡通過了六十八門專業課。其中在二〇〇四年

下半年他一下子就報考了十一門課程，二〇〇五年上半年又報考十二門課程，均一次性通過，並且分數都比較高，創造了全國自學考試一年通過課程的最高紀錄。很明顯杜家遷是成功的，然而他的成功卻不是因為他有特異功能，除了喜愛所學專業以外最重要的秘訣就是心靜、無雜念。用他自己的話說：「很多同學都說拿起書一點都看不下去，其實那只是浮躁在作怪，只要心無雜念，保持心靜，就肯定能看進去。我就是只要坐下來，就能馬上專注於學習。」所以，心靜是成功的一個必備條件。保持一顆靜心，擁有良好的心態，對於想成功的我們是很有必要的。這樣我們才會在一切困難與誘惑面前，做到心如止水，泰然自若，坦然面對！這樣我們才會認真選擇，一如既往地繼續奮進！

一個聾啞青年，學習畫畫，總是一個人在金魚池邊呆呆地看金魚，每一個週末，他都會待在那裡，天天在那裡看著，看著，直到太陽落山才離開……有一天，有一個小女孩驚奇地叫著：「看，魚游到了他的紙上。」原來那青年畫的金魚栩栩如生，當一位作家把女孩的話寫給他看時，他寫道：「魚先游到我心裡。」我們再看當今世界，多少人為瑣事纏身不能自拔，多少人神經衰弱，多少人心理疾患頻頻發作，更有感情問題，人際關係問題，利益關係，雞毛蒜皮的小事……然而畫畫的這個青年雖聾啞但靜心學畫，成功同樣來自靜心，一顆只有金魚的靜心。想必凡人之所以是凡人，就是因為生活瑣事太多，內心不能安靜，於是在處理瑣事的同時，自己的正事卻沒辦成，時間長了，越來越多的正事被耽擱，內心越來越難以平靜，於是天才成了天才，庸人成了庸人。所以，不管世界多麼熱鬧，熱鬧永遠只占據世界的一小部分，熱鬧之外的世界無邊無際，總會有一個安靜的位置。

心無旁騖，更易成功

瑞士鐘錶至今仍是世界上最精準的鐘錶。它的開創者與奠基人塔·布克，原是法國的一名天主教徒，因反對宗教統治流亡到瑞士，成為一名鐘錶匠。在自己的作坊裡，他製造的鐘錶日誤差低於百分之一秒。後來，他被捕入獄，被安排製作鐘錶。在失去自由的地方，他發現無論獄方採取什麼高壓手段，他都製造不出日誤差低於十分之一秒的鐘錶。他最終找到了原因，真正影響準確度的不是環

境，而是製作鐘錶時的心情。製表人在不滿和憤懣中，要想完成二百五十四個精密零件的磨銼和一千二百道工序，根本是不可能的。

弈秋的棋技非常高，有兩個人向他學習棋藝，一個人在學習的過程中專心致志地聽老師講解，看老師下棋，而另一個人卻在學習的時候想著拉弓去射大雁。結果不言而喻，前者從老師那裡學到精湛的棋藝，而後者卻只學到了一點皮毛。這些故事告訴我們一個道理：一個人的能力，唯有在專心的情況下，才能發揮出最佳水準。無論是對弈，還是製作鐘錶，當事者必須心無旁騖、腦無雜念，沉浸於忘情、忘我的境界，一心專注於手中的事情，才會有奇蹟發生。人類歷史上每一項重大發明創造與科學發現，都無不證明了當事者其時的心境：心無雜念。不專心致志地做一件事，就想取得成功，那只是空想。所以說，成功真的有什麼秘訣的話，那就是要專心。

成功是因為心無旁騖，而失敗則是因為心不在焉，在雜念的干擾下做如此需要集中精力的工作，不成功也就在情理之中。專心需要很大的代價嗎？沒有，只是需要堅持、冷靜和捨棄。堅持就是要排除一切雜念，要有不達目的不甘休的勁頭；而冷靜更需要有寬闊的胸懷，堅定付出的努力會在不遠的將來開花結果。捨棄是人生不斷面對的，不捨哪有得。古訓有言：欲多則心散，心散則志衰，志衰則思不達。人生如夢，既然欲求世事精彩，那麼，朋友們，就不要貽誤了大好時光，從瑣事中跳出來吧，心無旁騖、專心致志做事做人，這才是成功的正道！

智慧品人生

成功好像從不屬於那些浮躁、不去認真學習、思考以及做事的人。一個人若想走上成功之路，首先必須有明確的目標。目標一經確立之後，就要心無旁騖、拋棄心中雜念、集中全部精力、勇往直前。一次只專心地做一件事，全身心地投入並積極地使它成功，這樣你的心裡就不會感到筋疲力盡。不要讓你的思維轉到別的事情、別的需要或別的想法上去。專心、靜心於你已經決定去做的那個重要事情上，捨棄其他所有的事。你就會發現，成功其實離你很近。

2・成功從零開始

合抱之木，生於毫末；九層之台，起於壘土；千里之行，始於足下。

——《老子》

在這個世界上，有些人成功了，有些人失敗了，其中這兩者之間最大的區別在於：有的人明白古人所說的：不積跬步，無以至千里；不積小流，無以成江海。而有些人只會抬頭看遠處的風景，卻不懂得顧及身邊的每一件事，把身邊的財富和機遇看成空氣，任其白白流走。

縱觀每個有成就的人，他們無不是從基礎做起，從小事做起。老子曾說：「天下難事必做於易，天下大事必做於細。」任何一種事物都會有一個量變到質變的過程。古人雲：「千里長堤，潰於蟻穴」。足以說明一點小問題就能毀掉你的一生。一個成功的人懂得善於從小事做起，努力把每一件小事做好，將來才能做成大事，因為成功來自於積累。

零、小事，乃成功的起步

上帝把從0到9這十個數字擺在十個人面前，讓他們從中選一個，只能選其中一個。幾個人爭先恐後地上去，把從9到3的大數都搶走了，只拿到2和1的人，埋怨自己的運氣太不好，只拿到這麼一點。但只有一個人心甘情願地取走了0。其他的人都說他傻：「拿個0有什麼用，還不是什麼也沒有？」但他卻說：「萬事從零開始嘛！」從此以後，他便從身邊的小事，從基礎開始，整天埋頭苦幹起來，終於他獲得了1，加上他原來的0，就便成為10，在他獲得5時，他就擁有了50……0把他獲得的一切十倍十倍地增加，讓他最終成為世上最富有、最成功的人。

零，在我們的習慣思維中代表什麼也沒有，從零開始就意味著你要放下一切，放下原本擁有的功名、利碌、身分等。不管在成功還是失敗的十字路口，只有做到從零開始，才可能去擁有另一個新天地。

人們問一個成功的企業家，他幾十年穩勝不敗的秘訣是什麼？他笑而不答，只是在紙上畫了一個大大的圓圈，所有的人都不解地看著他。原來，在他二十幾歲第一次坐上董事長兼總經理的寶座時，可謂是風華正茂、意氣風發，公司有億萬資產，這讓他覺得自己的未來定會有所作為。正當他躊躇滿志，天不怕地不怕，認為沒有自己幹不成的事情的時候，他的父親送給他一張畫有一個大大零的紙，他看著那大大的零，百思不得其解，就去向父親請教，父親說：「如果沒有我留下的這些資產，又把你剛要起步的人生看作零，那你還有什麼？」

聽了父親的話，他想了一夜，明白了一個道理：自己什麼都沒有，只有一個零。因為公司的萬貫資產都是父親的，公司的遠大聲名也是父親的，這一切一切的輝煌都不是自己的，自己必須從零做起。認識到這一點，他不管做什麼事，總是一步一個腳印，勤奮謹慎，從公司的最基層工作抓起，終於用一塊一塊成功的磚，給自己築起了一座不倒的成功巨塔。

所有的成功都是從零、從小事開始的，就像高樓大廈要從一磚一石開始，千里之行要一步一步地走。伏爾泰曾經說過：「使人疲憊的不是遠處的高山，而是鞋子裡的一粒沙子。」這些都告訴我們，任何人的成功都必須從小事做起，從細節入手。有時候，一件看起來微不足道的小事，或者一個毫不起眼的變化，就能改變原有的一切。

無數的事實證明：生活中，將人擊垮的往往不是那些巨大的挑戰，而是被人忽視的一些小事。當一個人在躊躇滿志去實現自己的理想時，總覺得應把所有的精力都放在最重最大的事上，因而忽略了細節，因為它們是生活的細枝末節，讓你感到微不足道，不予重視，最後卻成為你最大的絆腳石。要知道，每一件大事，都是由無數的小事組成的，對於任何一件小事都不能敷衍應付或是輕視懈怠。一個人要建功立業，就必須從一件件平平常常的，實實在在的小事做起，從零開始。那些整天琢磨幹大事，不鳴則已，一鳴驚人的人，不僅浪費了許多時光，到頭來還是一事無成。

從零，從小事做起來的成功，才是真正的成功。因為在這成功的路上，他已積累了所有成功的經驗，這將是他人生的無窮之寶。

心態歸零，從頭再來

每到子夜，時鐘都會歸零，才會有新的一天；磅秤在稱完東西後，都要歸零，才能使下一次更加精確。人也是這樣，不管是成功還是失敗，都要讓自己心態歸零，從頭再來一次。

人的一生，不可能永遠沒有失誤，而一個人想要成功，就必須要有歸零的心態，有從頭開始的勇氣。就像給杯子倒水，杯子原本是空的，倒入水就滿了，可如果再往裡倒就會溢出來，裝不進新鮮的水，唯一的辦法就是將杯子清空。將以前所有的成功與失敗放下，將心歸零，從頭再來，再去成就一番事業。

每做一件事，只有兩種結果，不是成功就是失敗。成功了又怎樣，失敗了又怎樣？一次失敗並不代表永遠失敗，一次成功也不能代表你一生成功，這只能代表你現在，那以後呢？就此不前了嗎？不能，不管是多麼巨大的成功，也不管是多麼慘重的失敗，都要在過後，將一切歸零，不因成功而驕傲，不因失敗而氣餒。每天都將是新的一天，在現實五彩繽紛的生活中，任何人都不可能只擁有成功，也不可能只擁有失敗。人的一生，就是在成功和失敗之間盪秋韆。

成功一次不難，難的是一輩子持續地成功。失敗一次也不難，難的是讓自己從中走出來。放下往日所有的得與失，放下一切的思想負擔，放下成功後的花團錦簇，放下那些失敗的陰影，放下那成功的豪邁，放下所有的是非功敗，把心歸零，從頭再來一次。重新歸零，能讓我們靜下心來去發現自身所存在優點和缺點，從而找到更好的彌補辦法，重新歸零，是對自己的挑戰，也是一種人生的挑戰。

智慧品人生

人過一生，沒人能統計出他成功多少次，也記不得失敗多少次，總之一件事，不是成功就是失敗，但為什麼有的人能永遠記在人們的心中，能激勵他人前進，而有的人卻只能默默無聞地過一生。這主要是看他在成功和失敗後能否讓自己心態歸零。心態歸零，就是要放下成功帶來的光芒，迎接新一輪的挑戰；心態歸零，就意味著從今天開始自己只是一個零，以新的起點，新的希望，等待著新

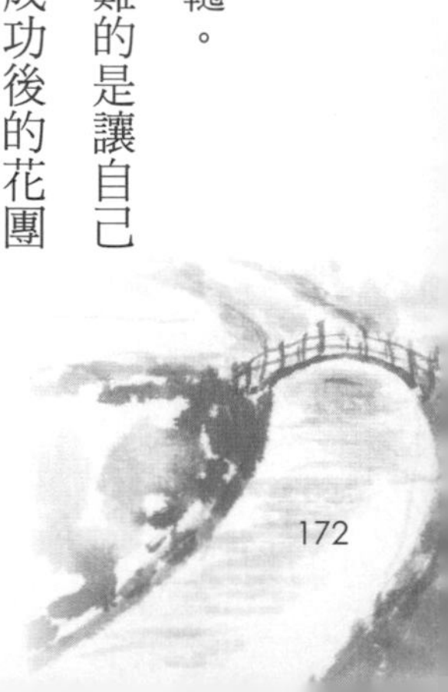

的收穫；心態歸零，並不意謂著結束，而是更新的開始，讓自己以輕鬆愉快的心情來生活，勇敢地迎接新一輪的曙光。

3·不為名利，學以致用

一個人赤條條地到這個世界，最後赤條條地離開這個世界，細想起來，名和利都是身外之物，只有盡一個人的心力，使社會上的人更多地得到他工作的裨益，才是人生最愉快的事情。
——鄒韜奮

人生在世，如果過於看重名與利，計較得失，呆板固執，只鑽牛角尖，心態不好，不管你怎麼努力都是白費的，成功永遠都會遠遠地嘲笑你。而明智一點捨棄一些東西，讓自己通往成功的擔子減輕點；聰明一點把所得到的靈活運用，幫自己找到通往成功最近的一條路才是大智與大悟。

剝棄世俗的外衣，捨名利得真成功

毋庸諱言，重名愛利是人的常態心理。在物慾橫流、精神匱乏的時代，每個人都想成名，每個人都想成功。金錢、地位、名譽似乎成了成功的代名詞。然而在遭遇各種潮流襲來之時，能夠力戒浮躁，力戒隨波逐流，力戒張揚，最後得到的又有多少呢？我們看看那些不為名利所累的人，他們往往都是名利雙收的成功人，而圖名利的人最終都是身敗名裂。

《莊子．秋水》中有這樣一則故事：陽光明媚的一天，莊子正在水邊釣魚。這時楚王派兩個大夫向莊子走去，原來是楚王想聘請莊子：「希望你能到楚國負責政務。」莊子手拿魚竿，沒搭理他們，還是接著釣魚。大臣們苦苦哀求，莊子這才頭也不回地說：「我聽說楚國有一種神龜，它可以運用於占卜，已經死了三千年了，楚王下令讓人用昂貴的綢帛莊重地供奉在宗廟裡。你們說，這只龜是寧願死了留下骨頭以此為尊貴呢，還是寧願在汙泥中拖著尾巴孤獨逍遙的生存呢？」「當然是拖著尾巴在泥塘裡悠然自得啊！」兩個大夫不假思索地回答。莊

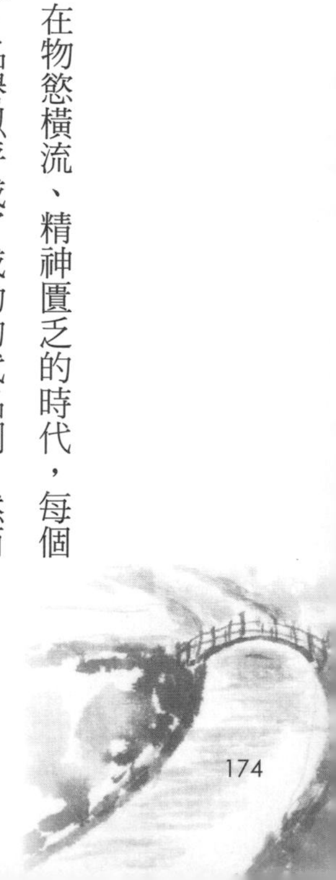

子意味深長地說：「那你們就請回吧，我寧可像龜那樣，在汙泥裡拖著尾巴地活著，也不願死後留著枯骨讓人看得很尊貴。」人非善悟而不能拋富貴，拋富貴者方能存真性，留善端。莊子之所以成為後人仰慕的哲學家、思想家、文學家，都是與他的淡泊名利分不開的。

人生最大的成功是認識自己並超越自己。能夠認識自己已經很不錯，超越自己就更是一種能力。個人的滿足比別人的評價更重要。也許，當別人因為金錢地位而洋洋得意時，你也自卑，你也會失落。可當你靜下心來想一想，這一切都不重要。人生在世，趨利避害，追名逐利是人之常情，但應順其自然，適可而止。朱熹就說過：「凡名利之地，退一步便安穩，只管向前便危險。」莫以成敗論英雄，莫以名利論成功。剝棄世俗的外衣，成功就在你的心裡。

學以致用，走好成功第一步

智力過去被視為是與一個人成功直接相關的因素，甚至是一個決定性因素。而現在，人們可以確定，影響成功有三方面的因素：第一是智商，第二是學到的知識，第三是最重要的因素，就是應用知識的能力。對於事業有成的人士來說，他們成功的一個決定性因素，就是知識的可應用性。古今中外許多著名人士為什麼能通過勤奮學習來達到成功的目的？當然不只是因為他們讀過很多書，也不只是他們流過多少汗，吃過多少苦，而在於他們善於把學到的知識變成運用和指導工作實踐的鑰匙。一個人書讀得再多，如果不會運用於工作，那充其量只不過是一個「茶壺裡裝餃子——有貨倒不出來」的書呆子。讀書易，思考難，兩者缺一，就全無用處。一定要學以致用，否則生搬硬套書本上的知識，必然會給你的成功帶來阻礙。

韓信在秦朝末年的楚漢相爭中，輔佐漢高祖劉邦戰勝了強大的對手項羽，創造了輝煌的業績。他之所以能成為一個出色的軍事家，並不是偶然的。一個典型的例子就是《孫子兵法》中的一條計策：「示形於東，擊之以西」。而韓信創造出「明修棧道，暗渡陳倉」，就是靈活地運用了這個計策，為他的著名戰例寫下了一段精彩。西元前二〇六年，韓信先派樊噲、周勃率一萬精兵佯修已被劉邦進漢中時燒毀的棧道，擺出要出兵的架勢，「示形於敵」，使敵麻痹。敵方項羽聞

訊立即加強斜穀防禦。而這時韓信卻率大軍西出勉縣轉折北上，順陳倉小道進入秦川，於陳倉古渡口渡過渭河，勢如破竹，倒攻大散關，「擊之於西」。從而奪取三秦，成功收復關中。韓信善於把學到的知識靈活運用於戰爭實踐，結果贏得了勝利。

人們常說學以致用，這句話恐怕在小學的時候就耳熟能詳了。而真正能做到的又有幾個人呢？它是成功的第一步，你連這一步都沒走又怎麼會成功呢？《三國演義》裡的馬謖，自稱「自幼熟讀兵書，頗知兵法」，但在街亭之戰中，只背得「憑高視下，勢強破竹」、「置之死地而後生」幾句教條，而不聽王平的再三相勸以及諸葛亮的叮嚀告誡，將軍隊安紮在一個前無遮罩、後無退路的山頭之上，最後落得一個兵敗地失、狼狽而逃、被斬首示眾的下場。知識是你所得到的，得到了就是你的資本，如果能很好地與實際相結合，那你肯定又與成功靠近了一點。

世界最偉大的哲學家和思想家之一柏拉圖，正是深明學以致用的道理，致力於以他的政治哲學觀點來培養各方面的從政人才，所以他的很多學生都成為了當時著名的政治家。要善於把書本知識與社會實踐相比較，並能動地把書本知識放到實踐中去檢驗。只有這樣，學習才能發揮其應有的作用，成功也不會只是望塵莫及了。

智慧品人生

成功的方法很簡單，但簡單並不表示容易。「不以名利，學以致用。」這看似簡單的方法，仔細看來卻也向人們警示著它們的不易，所以才有很多人在通往成功的路上迷失方向。但如果按照這兩個目標前行的話，成功真的就在不遠處。淡泊名利，為成功寫下神聖莊嚴的一頁；學以致用，為成功選擇完美的捷徑。

4・不求急功，持之以恆

無欲速，無見小利。欲速則不達，見小利則大事不成。——《論語・子路》

現在，社會上很大一部分人失去了往日的專心、恆心，很難持之以恆地學習、鑽研、幹事，變得越來越浮躁。他們恨不得上午播種下午就能收穫，甚至不播種就收穫。歸根結底，都來源於急功近利的想法。事物的變化皆有規律，人的心性磨礪也有一個過程。持之以恆，循序而行，萬不可急躁。急功近利，欲速不達，終是破壞事物，摧殘自我。

不捨急功之心，便離成功越來越遠

有人曾說，世上只有兩種人，用一個簡單的實驗就可以把他們區分開來。假設給他們同樣的一碗小麥，一種人會首先留下一部分用於播種，然後再考慮其他問題；而另一種人則不管三七二十一把小麥全部磨成麵，做成饅頭吃掉。急迫地追求短期效應而不顧長遠影響；追求眼前的區區小利，而不顧全局的根本利益，這都稱之為急功近利。古語講：欲速則不達。急功是成功的最大絆腳石。

有這樣一個故事：艾詩蒂決定以發展化妝品為成功目標的初期，她沒有用很多資金來打廣告，甚至都沒有把產品打入大型商場。但她在思考著：在合適的時機，把試製的化妝品作為禮物送人，這樣推銷效果肯定會更好。機會總是偏愛有準備的人。當她得知第五街薩克斯百貨公司的助理採購員姆斯小姐因車禍而在臉上留下了疤痕時，艾詩蒂親自把自製的雪花膏給她送去。一個多月過去了，姆斯小姐臉上疤痕竟然奇蹟般地消除了。因此，沒過幾天，薩克斯公司的化妝品採購員主動找上門來，向艾詩蒂訂購了一大單貨。後來，又有一次在舞會上，艾詩蒂認識了當時紐約美容業的名家海達娜．魯賓斯坦夫人。在仔細觀察這位夫人之後，艾詩蒂禮貌且很直率地對她說：「你長得很漂亮，但是如果你的脖子上再擦上一點雅詩蘭黛粉餅，那就更美了！」說完，艾詩蒂隨即贈送了一盒雅詩蘭黛化妝品給她。就這樣，要嘛是贈送，要嘛是郵寄，或是在慈善活動時免費派發，或隨購買的商品一併贈予顧客。艾詩蒂因此贏得了成千上萬的顧客。她堅信：只有這樣才可能獲得成功，清楚「欲取之，必先予之」的深刻道理。

「不想當將軍的士兵不是好士兵」。的確，嚮往成功、追求成功是每一位想成功的人士努力的目標。當然，追求成功並不僅僅在於「敢於追求」，而且還必須建立在自身的能力基礎之上。目光短淺者，一葉障目，不見泰山；只聞到了芝麻的香，而忘卻了西瓜的甜；只看到目前的境況，只看到暫時的貧富盈虧，頭痛醫頭，腳痛醫腳，是急功近利者一貫的行為方式，為了治好頭而不顧腳，為了治好腳又可以不顧頭了。為了擺脫眼前的狀況，可以不顧未來的利益，為了求得一時的痛快，而以長遠的痛苦為代價。由此可見，世俗中很多人都想做一個成功的人，優秀的人，只不過在麵包的誘惑下，失去了忍耐的性子。然而，成功是要講究儲備的，倉庫裡的東西越充足，成功的機會就越大，也才可能走得更遠。成功的路是那樣的遙遠與艱辛，路邊倒斃的每一具屍體都曾是一個在起點上充滿信心、躍躍欲試的活生生的人，對這條路的盡頭都有無限的憧憬。

持之以恆，離成功越來越近

什麼是成功？對於這個問題，每個人都有自己不同的看法。廣義的成功是做成自己想做的事。因此，成功者並不僅僅指在政壇上、科學界取得足以震驚世界的成就的人，它還包括了日常生活中的「成功者」。有時人們把一切成功均歸功於他的天資、智商，以為那些人就那麼聰明，只需要幾天、幾個小時的努力就能獲得成功。但是，人們怎麼能知道他們背後所付出的辛勤汗水呢？

蘇格拉底是希臘的大哲學家，他思想深邃，思維敏捷，關愛眾生又為人謙和。許多青年慕名前來向他學習，聽從他的教導，都期望成為像老師那樣有智慧的人。他們當中的很多人天賦聰穎，都希望自己能脫穎而出，成為蘇格拉底的繼承者。他曾經給他的學生出過一道專題，大概是這樣的：他讓學生的手臂儘量往前甩，然後儘量往後甩。然後他自己示範了一遍。從現在開始，每天甩臂三百下，大家能做到嗎？學生可能感到這個問題的可笑，這麼簡單的事簡直就是小菜一碟，於是異口同聲說「能」。過了一個月，蘇格拉底問道：「每天甩三百下，

哪些同學堅持了？」有百分之九十以上的同學舉起了手，兩個月後，當他再次提到這個問題，堅持下來的學生只有半數。一年後，蘇格拉底再一次問大家：「請告訴我，最簡單的甩手動作還有哪幾位同學堅持了？」這時，整個教室裡，只有一個學生舉起了手，這個學生就是後來成為古希臘另一位偉大哲學家的柏拉圖。他繼承了蘇格拉底的哲學並創建了自己的哲學體系，培養出了堪稱西方孔夫子的大哲學家亞里斯多德。

成功在於持之以恆，我國古代這樣的例子不勝枚舉：孟母誡子、磨杵成針、樂羊子妻、七口大缸、齊白石化石為泥等等。如果他們不是有持之以恆的精神和毅力，又哪來的成功？成功在於堅持，堅持是最容易做到的事，只要願意，人人都能做到；然而堅持又是最難的事，因為真正能做到的，終究是少數人。柏拉圖堅持做到了，成功就屬於他。

成功的定義與理解有很多，不一樣的人生，不一樣的成功。但最關鍵的一點在於：一旦認准了自己的奮鬥目標，就要持之以恆地為之努力。成功的道路並不一帆風順，但只要我們有信心、有熱情、有目標、能夠持之以恆地堅持努力，成功就會一步一步向我們走來。

智慧品人生

人活於世，每個人都有著自己的生活目標與理想抱負，人人都渴望成功，希望理想與追求得以實現。人生的成功之路更像一場馬拉松賽跑而不是百米衝刺，前一百米領先者不一定就能成為最後的優勝者，甚至都不可能跑完全程。在這遙遠的征途上，基礎的積累將會起到決定性的作用。如果你自覺「先天不足」而又已然踏上征程，那就更要格外注意隨時給自己補充「營養」。然而人們往往急於求成，但又隨波逐流這樣是不可能得到成功的。正所謂滴水穿石、磨棒成針，成功在於持之以恆。

5．減少一點想要的

壁立千仞，無欲則剛。

——鄭板橋

有人說，人生就是「有想要的——得到想要的——再萌生另一些想要的」的過程，它的動因是永不滿足。這些「不滿足」總是把人的「想要的」引向更高層次。人們都想獲得成功，但是，什麼是成功的標準？當上大官應該是一個標準，掙了大錢也應該是一個標準，還有就是當了名人或是嫁了名人也該算是一個標準……人的欲望是無窮無盡的，但是欲望是不可以氾濫的，也就是說，「永不滿足」應該有個剎車裝置，就是適當壓抑「想要的」。不然，欲望失控，「車損人傷」，連成功的邊際都不會到達。

成功源於欲望也斷於欲望

一個男孩和一個女孩戀愛了，但由於男孩出身寒微，女方父母堅決反對，姑娘只好無奈地提出與之分手。但是一種欲望促使男孩一定要得到他所愛的女孩，因此不顧一切登門向女方父母表達他對女孩的真愛，遭到了女方父母的嚴詞拒絕。然而他不但沒有死心，反而繼續努力。一個星期後，他再次登門向女方父母表白自己的一片深情和誠意，女方父母強行驅逐他離開家門。他痛苦地走出了女友的家，但是他卻沒有離去，而是靜靜地站在樓下。當女友父母知道他不肯離去時，便端起一盆洗腳水從樓上倒下來，他全身濕透。儘管深秋風寒，但他一絲不動，默默地等待。第二天淩晨，當女孩的父母打開窗戶看見男孩還站在那兒等待的時候，女孩父母的心軟下來了，他們招呼男孩走進屋裡，並告訴他：「把我們的女兒託付給你這樣的人，我們放心。」這個男孩的成功離不開他的「一定要」，而他的「一定要」便是他的欲望，這個故事充分證明了成功源於欲望。

欲望是與生俱來的東西，我們都是凡人，都不能免俗，不能脫離欲望，不可能沒有追求，不可能沒有自己想要的東西。女人想有漂亮的容貌，男人想有健壯的體魄；仕途中人想官運亨通，生意中人想財源滾滾；情竇初開的少女期待心目中的白馬王子；行吟詩人渴望旅途中的紅顏知己。但是，有欲望也並非就是好

事，有欲望也並不是就一定能成功，關鍵是人們追求欲望的心態，一要積極，二要平和。也就是說欲望可以使一個人慢慢走向成功，也可以讓人走向成功的路在此斷送。當一個人想要的太高或太多時，就會不擇手段、絞盡腦汁，甚至會做出違法的事來。有時，我們會通過努力來滿足我們的欲望，有時我們也會不擇手段，雖然欲望得以滿足，但是我們會在痛苦中掙扎、在算計中呼吸，甚至為此丟了性命，家破人亡，這就顯得有些不值得了。

二十世紀美國大出版商、美國紐約洛倫德出版公司的老闆薩拉·何塞為了賺取更多的財富，試圖在短時間內出版一本關於長壽秘訣的書。於是，他立即組織六名記者深入各地採訪，要求兩周內交稿，三周內出書。書還沒有出版，薩拉·何塞就收到了六百五十萬份訂單。但由於種種原因，前去採訪的記者遲遲未歸，書不能如期出版，薩拉·何塞不得不交付巨額違約金。他因為這件事而緊張焦慮，突發腦溢血，不治身亡，終年五十二歲。最具譏諷意味的是，這套關於百歲壽命的書在他過世後出版了，書中介紹長壽的奧秘中最重要的一條是心態平和。

總而言之，人的欲望就像一座火山，若不加以控制，一旦爆發就會後患無窮。古往今來，有多少功成名就的人正是毀於「貪婪」。

成功不能無欲，無欲則讓人懈怠慵懶，不思進取，社會便會停滯不前。而成功的重要秘訣卻是保持心態的平和，減少一點想要的。也就是說，人可以有想要的，但要適度追求，過分強烈，過分膨脹的欲望不但不能帶來成功，反而會危及身心健康。

在一場戰爭結束之後，有一個農夫和一個商人在街上尋找財物。他們同時發現了一堆沒有被燒毀的羊毛，於是兩人商議，將其分半，每人一份。分完之後，他們就踏上了歸程。歸途中，他們又發現了一些布匹，農夫將身上沉重的羊毛扔掉，選些自己扛得動的較好的布匹；貪婪的商人將農夫所丟下的羊毛和剩餘的布匹統統撿起來，重負讓他氣喘吁吁、行動緩慢。走了沒有多長時間，他們又看到了一些銀器，於是農夫扔掉了背著的布匹，將銀器收拾了一些帶走了。但是商人因為拿的東西太多沒有辦法彎腰，所以沒有得到。這時，天降大雨，饑寒交迫的商人身上的羊毛和布匹被雨水淋濕了，他踉蹌著摔倒在泥濘當中；而農夫卻一身輕鬆地回家了。後來他賣了銀器，開創了自己的事業，幸福地過了一生。

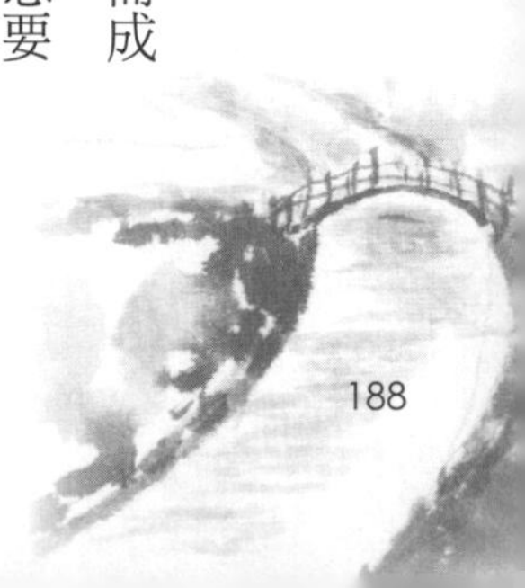

如果能夠抑制過盛的欲望，就不會被欲望所困所累，甚至能夠做到化險為夷，避凶趨吉。商人在尋找財物中如果能像農夫一樣，收斂一點貪欲之心，減少一點想要的，稍許丟下一些纏身的重物，也不至於落了個人財兩空。「能要」的意思是說，在個人能力範圍許可下，以努力付出而獲得所需要的東西；但若能力不足，就該退讓，不必強求。在我們的一生中成功有很多方面，包括名、利、權、位、感情等，著實令人欣羨與渴求。但要想得到它，必須仔細想想：自己的能力及付出是否實至名歸？是否已經水到渠成，而不是過度強求？如果付出不夠多，能力、因緣皆不具備，還希望能成功地擁有它，這便是貪圖非分，只會增加痛苦與傷害。因此，減少一份愁苦，減少一份想要的，也就減少一份成功的累贅。

智慧品人生

只要努力，成功本可以很簡單。有位哲人曾經說：「人一定要知道自己要的是什麼？否則欲望是無止境的，人云我云會讓我們疲憊不堪！」面對成功，欲望一定要有，否則就沒有了人類前進的動力。但是我們的欲望一定要適可而止！虛榮心、嫉妒心是人本性的弱點，是要靠理智去約束的，是要一個良好的心態去平衡的！太多想要的與不著邊際的幻想除了讓人們倍加痛苦之外，卻不能帶給我們更多的成功。所以，減少點想要的，讓我們不再成為欲望的奴隸！陽光大海在前，我們淡泊地、快樂地打個盹如何？物慾橫流的浮躁空間中，我們心平氣和地有所取捨如何？

6．瀟灑拋磚，收穫玉之利

顧小利則大利之殘。

——韓非子

生活中你會遇到放下西瓜而撿芝麻的情況，愛情裡你會遇到多付出而幸福的情況，學習中你也會多放棄玩的時間而提高成績的情況……成功就是這樣，想要

品嘗它所帶來的喜悅，就必須要付出更多。

捨得拋磚，輕鬆收穫引玉之利

西元前七百年，楚國發兵攻打絞國，大軍行動迅速。楚軍兵臨城下，氣勢旺盛，絞國自知出城迎戰，凶多吉少，與其束手就擒不如頑強抗戰堅守城池。絞城地勢險要，易守難攻。楚軍多次進攻，都以失敗告終。就這樣，相持一個多月。楚國一大夫屈瑕仔細分析了敵我雙方的情況，認為絞城只可智取，不可力克。他向楚王獻上一條「以魚餌釣大魚」的計謀，他對楚王說：「攻城不下，不如利而誘之。」楚王向他問誘敵之法，屈瑕建議：趁絞城被圍月餘，城中缺少薪柴之時，派些士兵裝扮成樵夫上山打柴運回來，敵軍一定會出城劫奪柴草。頭幾天，讓他們先得一些小利，等他們麻痹大意，大批士兵出城劫奪柴草之時，先設伏兵斷其後路，然後聚而殲之，趁勢奪城。楚王擔心絞國不會輕易上當，屈瑕說：「大王放心，拋下如此香甜的釣餌，不愁它不上鉤。」楚王於是依計而行，命一些士兵裝扮成樵夫上山打柴。城頭上的守軍看得真切，忙向國王報告。絞國國王發令道：「趕快派人前去捉拿楚國的樵夫。」一支輕騎從北門風馳電掣般沖出，來到山下，生擒了三十個楚人。第三天，楚王派出更多的樵夫上山砍柴。絞國國王得訊後，說：「這次要派出更多的兵士給我前去捉拿！」一位謀士跪諫道：「大王，臣以為不可輕舉妄動。」國王喝問道：「這是為何？」謀士說：「昨天我們輕而易舉地捉了三十個楚人，今日他們又派出樵夫，竟然不派軍隊保護，這些樵夫會不會是敵人的誘餌呢？」國王在得了這麼多好處之後哪還能聽進去他的諫言呢？沒聽他說完就發出令旗，調兵遣將。絞軍衝出北門，馳於山下，忽聽金鼓大震，殺聲四起，山林中偽裝得難以識辨的伏兵蜂擁而至，一場惡戰直殺得空中鳥雀驚，山上豺狼奔。絞軍在重重包圍之中難以突圍，在一片吶喊格殺聲中，一個個倒於血泊之中。楚兵大敗絞軍後，又兵臨城下，兩頭夾攻，絞國國王只得簽訂了投降條約。被抓的樵夫是他們拋出的誘餌，當絞國貪婪上鉤時，他們就可以坐收漁翁之利了。想要成功亦是如此，小事放不下會變大事，大事放下了自然變成小，所以想要成功就必須捨得犧牲，楚國正是清楚這一點，才利用「拋磚引玉」之法，一舉殲滅絞國，拿下勝利之旗。

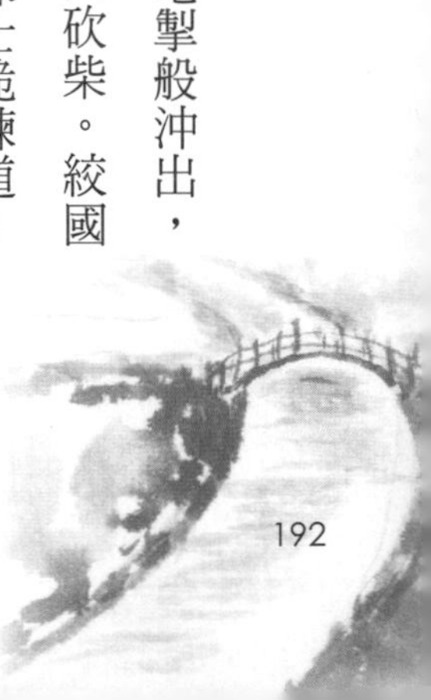

捨得，是成功者的一種領悟，更是一種境界。成功的路上註定充滿坎坷，有時就要面臨很多選擇，如果需要你放下一些東西才會離成功更近一步時，你會做出什麼選擇呢？事實上，很多人都是只顧眼前利益，看不到後面的玉之厚利，於是緊緊抱著磚而不肯放下。而最後繞了一個大彎後成功還是遙不可及，甚至會因為不捨拋磚而踏上失敗之路。成功需要智慧，有時就在於你捨不捨得拋磚那一念，因為引玉真的是要做一些犧牲之後才能達到的。

丟棄昨日失敗，收穫今日成功

布勞曼是美國的游泳運動員，在一九八八年的漢城奧運會上，他在兩百米蛙泳項目上僅獲得了第四名。然而他原本是一個很有希望拿金牌的選手，但因發揮失常，而不得不與金牌失之交臂。在回國後的一個多星期裡，他的情緒一直都很低落，但接著他又回到了游泳池，繼續一個男人的使命。他放下昨日失敗的打擊，不停地訓練著、努力著，以備收穫下一屆奧運會的金牌。他曾經在一次採訪中這樣說：「我在這四年裡沒有一天不想在下一次奧運會上成功，果斷忘記上次的失敗，就是為了在一九九二年再拿金牌。」此後，他已變得不可戰勝，他在一九九二年奧運會上只輸過一次，那是在資格賽中輸給了隊友。在巴賽隆納奧運會上，布勞曼還是成功了，實現了他的金牌夢想。無獨有偶，當布勞曼在巴賽隆納即將享受成功的喜悅時，身為十項全能選手的奧布萊恩卻正在經歷著一場噩夢。一九九二年初期，奧布萊恩剛剛獲得了世界冠軍，所以大家都認為金牌非他莫屬了。奧布萊恩在進行了七項比賽後，成績一直是排名第一的。然而出人意料的是，在撐杆跳高的比賽中，他在自己正常情況下完全能跳過的高度上三次都沒能跳過杆，最後被淘汰。經過了幾個月，奧布萊恩也如布勞曼一樣瀟灑地丟棄自己恥辱的失敗，然後重新振作起來，竟收穫了打破世界紀錄的喜悅。

這就是捨得失敗這塊磚，才會取得成功這塊玉，正如布勞曼如果沒有捨棄失敗之痛，又怎麼能在巴賽隆納奧運會上實現金牌夢想呢？而奧布萊恩又怎麼能打破世界紀錄呢？

一般來說，人們總是習慣於得到而害怕失去。儘管「有得必有失」的道理人人皆知，但人們依舊認為得到了就是可喜可賀，而失去則是可惜可嘆。其實並不

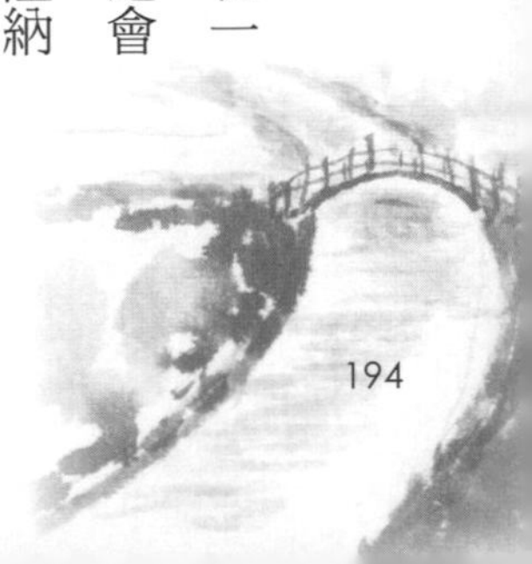

是這樣的。有時候失去對我們不是很重要的東西，也許得到的就是對我們來說很重要的東西。事業做得越大，遇到的挫折和失敗也就越多；雄心壯志越大，遇到的障礙也就越大。然而用失敗引來成功，從失敗起步，從頭再來才不失勇者的本色。所以，如果想要成功就必須捨得拋棄失敗，讓它沒有機會給你帶來困擾，讓它作為奪取下次勝利的誘餌！

智慧品人生

成功的人各有各的不同，但是，有一點是作為一個成功者所必備的，那就是他們都知道什麼對於自己來說才是最重要的，什麼是自己要捨棄的——有捨才有得！時代華納公司董事長兼首席執行官迪克．帕森斯認為自己得到過的最佳建議是：「在談判中不要寸利必爭，要給人點甜頭」。只有敢於捨去眼前的小利益，才能獲得長遠的利益。所以我們面對小利時，要學會捨得了，放得下，只有這樣才能走得更遠。

第六章

領悟捨得，知足常樂享人生

人生就要該捨的時候一定要捨得去捨，因為上天對人總是公平的，如果你有了捨就有可能得到老天更多的補償。而該捨去的你不捨得去捨，那麼老天很可能會讓你失去更多；假如你得到了不應該得到的，那麼你就有可能得到苦果。

1・淡泊名利，寧靜致遠

非淡泊無以明志，非寧靜無以致遠。——諸葛亮

話說乾隆皇帝有一次下江南微服私訪時，來到江蘇鎮江的金山寺，從這裡可以看到山腳下大江東去，百船爭流的情景，好一派恢弘的氣勢，忍不住興致大發。於是便隨口問一個老和尚：「你在這兒住了幾十年，可清楚每天來來往往多少只船隻？」老和尚回答說：「我只看到兩隻船，一隻為名，一隻為利。」和尚一語道破天機。是的，人活世上，無論貧窮富貴，都免不了要和「名利」二字打交道，況且絕大多數的人也是難過名利關的，因為人世間實在是有太多的誘惑，有很多口口聲聲說「視名利為糞土」的人一遇到實際情況便不能自持了。而那些面對誘惑能夠不迷不倒、不亂不癡的人真可謂是聖人了。

名和利雖然和我們每個人息息相關，但實質上它也只不過是身外之物，且追名逐利還會帶給人無盡無休的苦惱。難怪諸葛亮在他兒子八歲的時候就教導他：

「非淡泊無以明志，非寧靜無以致遠」。這句話千百年來也成為許許多多人修身養性的名言警句和座右銘。行至水窮處，坐看雲起時，是一種淡泊；古今多少事，都付談笑中，更是一份淡泊。淡泊是一種崇高的精神境界和心態，是對人生追求在深層次上的定位，淡泊是一份豁達的心態，是一份明悟的感覺。有了淡泊的心態，就不會在世俗中隨波逐流，就不會對他人牢騷滿腹，攀比嫉妒。

人生的大部分煩惱都來自於非分的欲望，只有淡泊的心態才能使人處於平和的狀態。如果你珍惜自己的生命，就請修養自己的身心，千萬不要掉進名利的陷阱中去。人總有一天會走到生命的盡頭，那個時候一切名利都如同過眼雲煙，千金散盡，只有淡泊的精神長存世間。

淡泊，自然灑脫

隨著社會的快速發展，人們在壓力逐漸增大的同時，有著越來越多的欲望，而且也有太多的痛苦。若想要保持清醒的頭腦，從容地走過人生歲月，便不能缺少淡泊。走進淡泊，不是逃避現實，而是在眾多的恩恩怨怨中多一份清醒，多一

份思考。人生的道路有進有退，有升有降，有高有低，如果我們能夠認識到平平淡淡才是真的道理，那麼不論在什麼時候都能作出明智的選擇。

有一則關於禪師的故事。一位久經戰場的將軍，他看透了戰場上的生生死死，喧囂紛爭，於是就想出家，安詳地度過後半生。他找到禪師向他說明了自己要出家的原因，並請禪師為他剃度。禪師對他說：「將軍，你先不要急，我認為現在還不到時機，所以你還不能出家剃度。」將軍說：「禪師，你就讓我出家吧，我現在已經毫無牽掛了，我可以放下一切功名利祿，甚至包括我的妻子和兒女。」禪師還是平靜地說：「不急，你的心還是不夠有誠意，有些浮躁。」無奈，將軍只好回家。

第二天，這位將軍為了表明自己的誠心，第二天一大早就來到寺院請求禪師為他剃度，誰知禪師對他說：「你來的真早，但是你不怕你的妻子在家紅杏出牆嗎？」這個將軍一聽惱羞成怒，破口大罵道：「你胡說，她才不會紅杏出牆呢？」禪師笑了笑說：「我昨日說你的心有些浮躁，還不適合出家，你現在該信了吧？」將軍無語……

其實在現實生活中，像將軍這樣的人還真有不少，自以為淡泊名利，實際上還遠遠達不到。的確，在這樣一個五彩斑斕的大千世界裡，要做到淡泊名利不是一件容易的事情，但淡泊名利者也並非一個沒有。

淡泊能體現一個人的修養，它是一個人的精神境界，是一種不卑微、不凡俗的生存方式和生活習慣。當一個人擁有了不為名利所累，不為人間蜚短流長所左右的生活態度時，他就擁有了淡泊的全部含義。擁有了淡泊的心態，即使世間喧囂浮躁，他也能保持一份「眾人皆醉我獨醒」的非凡境界，即使每天粗茶淡飯，也能攜妻帶子盡享天倫之樂。

寧靜，自然高雅

人生在世，不應該過分地追求「名利」二字，因為名利場上陷阱太多，過分地看重它，你就會深深地陷進去，整日地繃緊神經，挖空心思地活著，如負重的老牛一樣活得太累。鄭板橋在官海中沉浮了幾十年還是作出了這樣的感悟：「名利竟如何？歲月蹉跎，幾番風雨幾晴和，愁雨愁風愁不盡，總是南柯」。

美國的發明家萊特兄弟於一九〇三年駕著自己發明的飛機首次飛行試驗成功，之後兄弟二人名揚天下。雖然成為世界的知名人物，但他們從不把名聲二字放在心上，仍然只是和以前一樣默默地工作，不寫自傳，也不參加毫無意義的宴會，更不接待試圖採訪他們的新聞記者。

有一次，奧維爾正在和家人一起用餐，吃到一半的時候，他順手從口袋中摸出了一條紅絲帶用來擦嘴，他的姐姐便問道：「哪來的手帕？好漂亮！」奧維爾毫不在意地說：「哦，這是法國政府頒發給我的榮譽獎章，嘴巴上沾了油沒有手帕用，就拿它來代替了。」

萊特兄弟的淡泊名利讓人敬佩，這可不是一件容易的事，這是勇敢，也是骨氣，需要用一生去琢磨，一切都出自本心。淡泊名利可以放飛人的心靈，可以還原人的本性。它能讓人在順境中不怡然自得，身處逆境時也不枉自菲薄，一切都悉由自然。因為真正淡泊名利的人懂得：不能夠恬淡寡慾就不能明確志向，不能夠平和安靜就不能實現遠大目標。

智慧品人生

「名利」——人的一生又有誰不是在不停地追逐，拚命地賺錢，努力地工作，這都可以說是在追名逐利。人活著，有誰敢說沒有追求過這兩個字呢？可也正是因為幾乎所有的人都受到了名利的誘惑，我們的社會才會日復一日地變得複雜，變得令人不可捉摸。實實在在的對待一切事物，豁達客觀地看待一切生活，豈不是會更加瀟灑嗎？人生不滿百，何須名利憂。淡泊名利了，便「日日是好日，處處有風景」。

淡泊名利不是不思進取，而是一種豁達；不是無所作為，而是一種超越；更不是沒有追求，而是一種恬然，它只是對世事的一種淡然心理。所謂「物來則應，物去則空，心如止水，了無滯礙」，說的就是一個人擺脫一身慾望後呈現出的平和心態，只有淡泊名利才能真正地享受人生。

2・拿得起還要放得下

拿得起是一種勇氣，放得下是一種豁達。——魯迅

在這個大千世界裡，有的人活得很輕鬆愉快，而有的人卻覺得沉重壓抑。究其原因，無非是前者能夠拿得起，放得下；而後者是拿得起，卻放不下。可想而知，肩上的負擔越來越重，怎麼不會感覺累呢？可偏偏有很多人寧願承受這種沉重，也不願放棄，他們也常常因為不願放棄而失去更珍貴的東西。也不能怪這些人太貪心，因為在實際生活中，的確是「拿得起」容易，「放得下」卻很難。難怪有人說，人生最大的包袱不是拿不起，而是放不下。

所謂「放得下」，指的是心理狀態，能夠放得下的人無疑是一個豁達的人，這種人能夠輕易地擺脫煩惱和糾纏，使整個身心沉浸在輕鬆悠閒的寧靜之中，即使遇到「千斤重擔壓心頭」時也能把心理上的重壓卸掉，輕鬆自如地面對各種狀況。拿得起，誠然可貴；然而放得下，才是人生處世之真諦。只有放得下，才能

更好地把握住該拿得起的東西，你的人生才會有更精彩的結局。

拿得起、放得下，才不失為英雄豪傑

做人要拿得起放得下可以看作是一個人立身於世所必備的能力。拿得起，它大到可以決定一個人命運的戰略舉措，小到一個人日常舉止的每一個細節。它既包括獲取物質財富的絕妙策略，也包括對自我精神的完美塑造。可以說無數成功人士都是精於做人之道的高手，他們紛紛將成就歸功於做人拿得起放得下的策略。拿得起在於不隨波逐流，保持自我；對於人生道路上的鮮花、掌聲，有處世經驗的人大都能等閒視之，屢經風雨的人更有自知之明。但對於坎坷與泥濘，能以平常之心視之，就非常不容易。大的挫折與大的災難，能不為之所動，能坦然承受，這則是一種胸襟和度量。放得下在於通達世故，使自己免遭不必要的傷害。人活在世，有時，你不得不去面對很多你本不願面對的事，但為了生存的需要，你不得不如此。同樣，有很多的事你必須去選擇，或是你沒有選擇餘地地必須去拿起來，用你的心智與能力去承受它，拿起來的時候也許容易，也許很艱

難，但在必須放下它的時候，有些人放不下來它，壓在心裡，成為一塊沉甸甸的石頭。

有這樣一個故事：有一天老和尚帶小和尚下山，他們在經過一條大河時，遇到了一位姑娘，因河水湍急她不敢過河。小和尚見狀低下頭合掌念「南無阿彌陀佛」，而老和尚則背姑娘趟過了河，然後放下姑娘，繼續趕路。

小和尚滿臉疑惑，一路嘀咕著，走了許久，他終於忍不住問：「師父，你犯戒了！我們不是不能近女色嗎？」

老和尚聽了嘆道：「我都已經放下了，你怎麼還沒『放下』呢！」

其實，在現實中有很多的人像小和尚一樣，即拿不起也放不下，或者是不懂得該如何拿起，又該如何放下。「拿得起」要求我們有足夠的實力，在機遇到來時能夠成功應付，「放得下」則要求我們在面臨困難時，不氣餒墮落，甘於一時的平庸，能屈能伸彰顯豪邁。

放得下是一種豁達

人生的一大憾事，莫過於輕易地放棄了不該放棄的，而比這更遺憾的則是，固執地堅持了不該堅持的。不過我們畢竟都是平凡人，心底都存在著一份自己無法克制的堅持和固執，對親情放不下，對愛情放不下，對金錢放不下，對權力放不下，對名利放不下，對地位放不下。也正是因為這許多外在的東西牽絆住了我們，才使我們的人生過得非常艱難。所以，我們更應該學會放棄。人生短短幾十年，不要給自己留下了什麼遺憾，有智慧的人生，就是當提起的時候提起，當放下的時候放下。

有一位得道高僧，他有三個徒弟，這三個人都很想努力修行。於是，大弟子問高僧：「師父，請您教教我該如何修行？」高僧說道：「放下。」二弟子見狀也問高僧：「師父，那我該如何修行呢？」高僧答道：「拿起。」三弟子更加不明白了，也問：「師父，那我呢？」高僧又答道：「又放下，又拿起。」

三個弟子都把師父的話研究了一個晚上，可還是百思不得其解。第二天，大

弟子問高僧：「師父，我為什麼要放下呢？」高僧答道：「你不放下，又怎麼能再拿起呢？」二弟子問：「為什麼大師兄要放下而我要拿起呢？」高僧說：「因為你還沒有拿起，又能放下什麼呢？」

三弟子問道：「那我為什麼又放下又拿起呢？」高僧回答：「因為你放下後沒有拿起，拿起後又沒有放下。」

三個弟子又同時問道：「那麼，該如何拿起和放下呢？」高僧說：「隨放隨拿，隨拿隨放。」

是的，人總要拿得起，放得下，不曾拿起過的，就不會懂得如何放下。生命的過程，就是一個不斷地拿起和放下的過程。每個人都需要拿起一些東西，放下一些東西，拿起也許僅僅需要一些蠻力或一股激情，但放下卻有太多的不甘、不捨、無助和無奈。其實每個人心裡都知道自己真正應該拿起什麼，應該放下什麼，可偏偏很多人在拿起和放下之間徘徊不前，猶豫不決，戰戰兢兢，如履薄冰，最終卻沒有拿起該拿的，也沒有放下該放的。

人生最值得敬佩的是拿得起，生命最大的安慰是放得下。縱觀天下，無數成功人士的業績都歸功於他們做人「拿得起放得下」的策略。

智慧品人生

拿得起是一種勇氣，而放得下是一種度量，拿得起是一種可貴，而放得下是一種超脫。當一個人失意的時候，不妨想想這句話的哲理，人生的道路上並非只有一處如畫風景，生命也並非只有一處燦爛輝煌，別處風景也許更加迷人。選擇什麼樣的生活只在自己的一念之間，是別人無法干涉的，如果此時此刻你並不快樂，也並不成功，那就學會拿得起放得下吧！

生活中沒有什麼東西是永恆不變的，處處都充滿了變數，這些改變其實也就是讓人體驗與成長的機會。當你真正領悟到「拿得起放得下」的真諦時，即便是身處絕境，相信你也能等閒視之、坦然承受，當迷霧消散、塵埃落定的那一刻，你會明白原來放下的感覺如此美妙。但如果你只是一味地沉浸在過去的回憶裡，那只是在浪費生命。所以說，煩事人人有，放下自然無。放下了，你才能活得輕鬆而幸福。

3・知足才能常樂

知足常足，終身不辱；知止常止，終身不恥。——老子

西方曾有位哲人這樣說：「成功是沒有標準的，只要我們盡了最大的努力，發揮出了所有的力量和潛能，而且也盡了應盡的財力和物力，這樣，即使結果仍不是最優秀的，但仍不失為一種成功」。其實，這句話就是告訴人們，人一定要知足，做什麼事情都不必追求最好的結果，只要盡力就好，因為成功並不意味著都是第一。結果固然重要，但過程也自有它的獨特之處。

人的欲望是無窮的，就像是一個永遠也填不滿的無底洞，如果人們總是為了名、為了利而上下奔波，為了錢、為了權而日夜煩惱，讓種種不斷攀升的欲望，驅使著我們努力去工作，去賺錢，結果只能是生活節奏越來越快。同時，我們也陷入了一個越來越深的痛苦深淵，到最後不僅期望的快樂不會如期到來，反而會淪為慾望的奴隸。所以，永無止境的欲望就像是一碗致命的毒藥，無論誰喝了都

無藥可醫。只有知足的人才能常常感到快樂，因為只有經常知足，才會在自己的能力範圍內去要求自己，而不是刻意去強迫自己。

不知足者，富貴亦憂

一個人的快樂是別人看不見的，人們只有通過他的外在表現或行為才能有所瞭解，快樂的很大一部分完全是一種心理上的滿足，跟物質的多少沒有多大關係。世間的財富和名利等給人們帶來的快樂，實在是少之又少。一個人哪怕擁有萬貫家產，他從中獲得的安樂又有多少呢？就像一個擁有天下財產、人口的國王一樣，他一生所享有的快樂，恐怕遠遠比不上一個大街上的叫化子。

有這樣一個故事：有個大富翁，他家裡非常富有，錢多到以至於他雇了幾十個帳房先生來管理，但還是忙不過來。雖然擁有這麼多讓別人羨慕的財產，可這個富翁卻是每天寢食難安，愁眉不展。而在他的隔壁，有一對窮苦的夫婦，他們靠賣豆腐過日子，儘管日子過得十分清苦，但老兩口每天從早到晚，卻有說有笑，顯得十分快樂。富翁覺得很不明白，便去問一位帳房先生：「為什麼我這麼

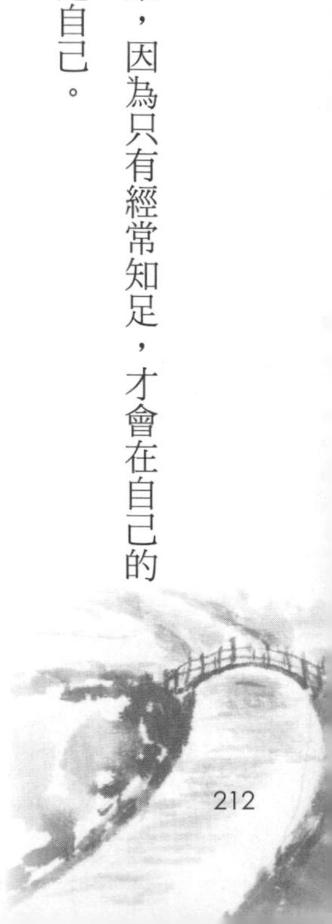

富有卻快樂不起來，而隔壁的鄰居日子那麼苦還能那麼高興呢？」帳房先生回答說：「老爺，你先不要多問，只需隔牆扔過去幾錠銀子，就會知道了。」於是，富翁趁晚上夜黑無人，將五十兩銀子扔到了豆腐店裡，賣豆腐的老夫婦撿到了「天上掉下來的禮物」，欣喜若狂，他們一輩子也沒見過這麼多的錢財。於是忙著藏銀子，又考慮如何花，還要擔心被別人偷……這些銀子弄得他們吃不好飯、睡不好覺，日夜難安。從此以後，富翁再聽不到那往日的歌聲和笑聲了，這時才恍然大悟：「原來讓我不快活的原因，就是這些錢財啊！」

對於富翁來說，財富雖然給他帶去了無窮的物質享受，但他的內心卻從未有過片刻寧靜，甚至可以說充滿了痛苦。五十兩銀子打破了賣豆腐的夫妻倆的安樂生活，不知他們是否後悔撿了從天而降的財富？誠然，在永不滿足的情況下，或許可以讓人們實現很多的理想，但日子久了，這種可怕的習慣就會和我們如影隨形，直到有一天才猛然發覺：原來這樣的活法這麼累，原來這樣的生活一點都不快樂。

知足者貧賤亦樂

所謂知足，就是對現有的生活或者狀態感到滿足，不去刻意地和別人盲目攀比，時刻保持一種平和的心態。但現實生活中，我們卻總是「在這山望著那山高，在那山又覺得這山聳」，殊不知，其實兩座山是一樣的，只是自己永不知足的心在作怪罷了。這種人永遠不能得到滿足，快樂也就不會光顧他們。只有知足的人才能認識到永無止境的欲望所帶來的痛苦，於是乾脆去壓抑一些根本無法實現的願望，看起來雖然比較殘忍，但它卻能減少許多痛苦。

有個善良的天使，她經常到凡間去幫助一些需要幫助的窮苦人，因為這樣她能感受到幸福的味道。有一天，天使遇到一個農夫，他的樣子十分苦惱，他向天使哭訴說道：「我們家的水牛剛剛死了，沒有它幫我耕田，叫我如何種莊稼呢？」於是，好心的天使就賜給了他一隻健壯的水牛，農夫十分高興，連連向天使道謝。

過了些日子，天使又見到了這個農夫，農夫還是一臉沮喪的樣子，他又向天

使說：「我們家的錢被騙光了，這可是我一輩子的積累呀！這叫我們一家人可怎麼活呀？」於是，天使又給了農夫許多的財富，農夫又高興地接受了。

後來，天使又去看這個農夫，也見到了他貌美而溫柔的妻子，但農夫說他仍然不快樂，雖然他現在衣食無憂，可他感受不到幸福，要天使給他幸福。天使想了想，說道：「我知道該做什麼了。」說完，她把農夫所擁有的一切都拿走了——拿走了他的錢財，毀去了他的容貌，奪去了他妻子和兒子的性命。過了一個月之後，天使回到農夫身邊，把他從前的一切還給了他。當農夫又重新擁有這一切的時候，他感激地對天使說：「我現在終於知道什麼是幸福了，謝謝你。」

生活中我們總是在考慮自己並未得到的東西，卻往往忽略已經擁有的，不知足者最苦惱。農夫正是因為不知道滿足，才會一次次地向天使索取，當他真正懂得幸福的時候才明白，原來幸福就是自己所擁有的。人心不足蛇吞象，其實我們每個人到底有多大的力量，只有自己最清楚，只有知足者才能保持一種良好的心理狀態，讓自己的需求和承受能力相對地維持平衡。

當然，也不要誤會了知足的含義。知足並不是讓我們目光短淺，不是要我們停滯不前，不是讓我們在現有的成績前自我陶醉而無視人生更遠大的追求。知足更不等同於驕傲自滿，拿自己目前的狀態向人炫耀。知足只是對現實的一種正確的反映，它只是相對而言，並不代表著絕對滿足。可以說，知足是一種平和的處世智慧，它教會人們從不足中找到知足，在不樂中尋到快樂，真正能夠灑脫地做到：「事能知足心常泰，人到無求品自高」。

智慧品人生

有人說：「人擺錯了地方就是垃圾」。細想一下，其實那些不知足的人不正是把自己當成了垃圾到處亂放嗎？他們找不準自己的位置，不能在適合自己的位置上找到更多的快樂，相反卻耗盡了一生的精力想要到達根本不可能實現的目標，即使最後實現了，自己往往也已遍體鱗傷，承受了無窮無盡的痛苦，難道我們一定要「拚命求苦」而置「身邊觸手可得的快樂」於不顧嗎？

知足者有一種適可而止的精神，知足者有一種樂觀豁達的心態，知足者有一種恬靜淡然的處世態度，知足者有一種與世無爭的高貴品質。知足者常能夠在紛

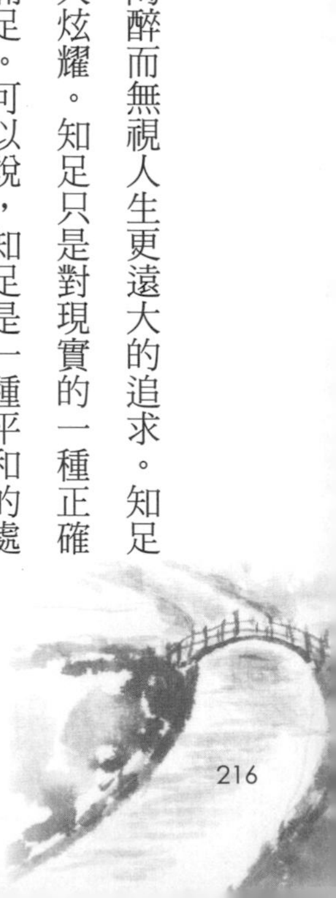

繁複雜的社會裡找準自己的位置，並享受那份快樂，所以，知足者常樂。

有一種境界叫捨得

貳

有一種境界叫捨得 貳

作　　者	黃冠誠
發 行 人	林敬彬
主　　編	楊安瑜
編　　輯	陳佩君
內頁編排	郭安迪
封面設計	劉秋筑
出　　版	大都會文化事業有限公司　行政院新聞局北市業字第89號
發　　行	大都會文化事業有限公司 11051台北市信義區基隆路一段432號4樓之9 讀者服務專線：(02)27235216 讀者服務傳真：(02)27235220 電子郵件信箱：metro@ms21.hinet.net 網　　址：www.metrobook.com.tw
郵政劃撥	14050529 大都會文化事業有限公司
出版日期	2011年7月初版一刷　　2012年5月初版五刷
定　　價	220元
I S B N	978-986-6152-13-9
書　　號	Growth-042

4F-9, Double Hero Bldg., 432, Keelung Rd., Sec. 1,
Taipei 11051, Taiwan
Tel:+886-2-2723-5216　Fax:+886-2-2723-5220
Web-site:www.metrobook.com.tw
E-mail:metro@ms21.hinet.net

大都會文化 METROPOLITAN CULTURE

國家圖書館出版品預行編目資料

有一種境界叫捨得 貳／黃冠誠著. -- 初版.
-- 臺北市：大都會文化, 2011. 07
面；　公分. -- (Growth；42)

ISBN 978-986-6152-13-9（平裝）

1.人生哲學　2.修身

191.9　　　　100001487

大都會文化

大都會文化　讀者服務卡

書名：**有一種境界叫捨得 貳**

謝謝您選擇了這本書！期待您的支持與建議，讓我們能有更多聯繫與互動的機會。

A. 您在何時購得本書：______年______月______日

B. 您在何處購得本書：____________書店，位於____________(市、縣)

C. 您從哪裡得知本書的消息：

1.□書店　2.□報章雜誌　3.□電台活動　4.□網路資訊

5.□書籤宣傳品等　6.□親友介紹　7.□書評　8.□其他

D. 您購買本書的動機：（可複選）

1.□對主題或內容感興趣　2.□工作需要　3.□生活需要

4.□自我進修　5.□內容為流行熱門話題　6.□其他

E. 您最喜歡本書的：（可複選）

1.□內容題材　2.□字體大小　3.□翻譯文筆　4.□封面　5.□編排方式　6.□其他

F. 您認為本書的封面：1.□非常出色　2.□普通　3.□毫不起眼　4.□其他

G. 您認為本書的編排：1.□非常出色　2.□普通　3.□毫不起眼　4.□其他

H. 您通常以哪些方式購書：(可複選)

1.□逛書店　2.□書展　3.□劃撥郵購　4.□團體訂購　5.□網路購書　6.□其他

I. 您希望我們出版哪類書籍：（可複選）

1.□旅遊　2.□流行文化　3.□生活休閒　4.□美容保養　5.□散文小品

6.□科學新知　7.□藝術音樂　8.□致富理財　9.□工商企管　10.□科幻推理

11.□史哲類　12.□勵志傳記　13.□電影小說　14.□語言學習（_____語）

15.□幽默諧趣　16.□其他

J. 您對本書(系)的建議：

____

K. 您對本出版社的建議：

____

讀者小檔案

姓名：______________ 性別：□男　□女　生日：____年____月____日

年齡：□20歲以下 □21～30歲 □31～40歲 □41～50歲 □51歲以上

職業：1.□學生 2.□軍公教 3.□大眾傳播 4.□服務業 5.□金融業 6.□製造業

7.□資訊業 8.□自由業 9.□家管 10.□退休 11.□其他

學歷：□國小或以下 □國中 □高中／高職 □大學／大專 □研究所以上

通訊地址：______________________________________

電話：（H）______________（O）______________ 傳真：______________

行動電話：__________________E-Mail：______________________________

◎謝謝您購買本書，也歡迎您加入我們的會員，請上大都會文化網站 www.metrobook.com.tw 登錄您的資料。您將不定期收到最新圖書優惠資訊和電子報。

有一種境界叫捨得 貳

北區郵政管理局
登記證北台字第9125號
免　貼　郵　票

大都會文化事業有限公司
讀　者　服　務　部　　收

11051台北市基隆路一段432號4樓之9

寄回這張服務卡〔免貼郵票〕
您可以：
◎不定期收到最新出版訊息
◎參加各項回饋優惠活動

大都會文化
METROPOLITAN CULTURE

大都會文化
METROPOLITAN CULTURE